掌尚文化

Culture is Future

尚文化·掌天下

江苏高校哲学社会科学研究（编号：2022SJYB1948)、
淮阴工学院 2023 年度校级高教研究课题（编号：2023GJ02) 研究成果

Research on the Efficiency,
Total Factor Productivity Evaluation
and Their Influencing Factors
of Public Libraries in China

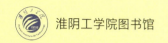

淮阴工学院图书馆

我国公共图书馆效率与全要素生产率测度及其影响因素研究

王 惠 著

经济管理出版社

ECONOMY & MANAGEMENT PUBLISHING HOUSE

图书在版编目（CIP）数据

我国公共图书馆效率与全要素生产率测度及其影响因素研究／王惠著. -- 北京 ： 经济管理出版社，2024.

ISBN 978-7-5096-9886-0

Ⅰ．G259.252

中国国家版本馆 CIP 数据核字第 2024A90K15 号

组稿编辑：张　昕
责任编辑：钱雨荷
责任印制：许　艳
责任校对：蔡晓臻

出版发行：经济管理出版社
　　　　　（北京市海淀区北蜂窝 8 号中雅大厦 A 座 11 层　100038）
网　　　址：www.E-mp.com.cn
电　　　话：(010)51915602
印　　　刷：北京晨旭印刷厂
经　　　销：新华书店
开　　　本：720mm×1000mm /16
印　　　张：12.25
字　　　数：201 千字
版　　　次：2024 年 12 月第 1 版　　2024 年 12 月第 1 次印刷
书　　　号：ISBN 978-7-5096-9886-0
定　　　价：98.00 元

　　"十四五"时期是我国全面建成小康社会、实现第一个百年奋斗目标之后，乘势而上开启全面建设社会主义现代化国家新征程、向第二个百年奋斗目标进军的第一个五年。目前，文化多样化、社会信息化、经济全球化、世界多极化深入发展，公共图书馆事业正在经历数字网络环境下多元信息服务平台的强势竞争、传统媒体和新媒体融合发展带来海量资源的巨大考验，面临经费缩减和服务需求变化的严峻形势，遭受协同创新、开放科研、在线学习等文化与信息交流传播新形态的猛烈冲击，面向"智慧社会"的公共图书馆事业转型创新迫在眉睫。与此同时，"文化强国"建设被提到重要位置，公共图书馆在国家经济社会发展中的地位、作用也被空前提高。

　　当前，图书馆的绩效评价是图书馆管理的核心问题，图书馆的效率也成为图书馆学研究的重要课题之一。20世纪90年代，范并思指出："以效率为核心是一种理论观，也是最符合现代社会科学发展趋势的理论观。看看我们的图书馆学理论，凡是接近'以效率为核心'的分支学科，往往就是发展较快的学科。反之，一个学科就得不到真正的发展。为此，从事图书馆学各个分支学科研究的人，是不是都应该想想怎样'以典藏效率为核心''以阅览效率为核心''以流通效率为核心'等等，作为自己的理论价值观。"[①]图书馆活动的本质，就是用最小的文献资源投入获取最大的社会利

---

① 范并思."以效率为核心"与图书馆学研究[J].图书馆杂志，1996(4)：36.

用效应(王宗义，2001)，效率始终是公共图书馆追求的核心目标。十多年来，中国公共图书馆的机构数、从业人员、总藏量、财政拨款等方面迅速增长，然而投入总量的增长是否就意味着公共图书馆效率随之增长？但有关于效率问题的研究在图书馆学界并没有引起应有重视。鉴于此，本书以效率理论、公共组织绩效理论为基础，测度了我国31个省份(不含港、澳、台地区，下文同)的公共图书馆效率与全要素生产率，探寻效率与全要素生产率影响因素的作用机制，在此基础上提出推进我国公共图书馆事业高质量发展的政策建议。

图书馆学不是孤立存在的，它一方面与一些学科在研究对象和研究内容上有交叉，在历史渊源、现实状况和未来发展中都有同族的关系；另一方面图书馆学运用其他学科的理论和方法来解决自身的理论与实践问题，相互之间存在应用的关系。本书将尝试融入经济计量学、管理学等相关理论和方法，客观、科学、系统地评价我国公共图书馆事业的发展状况，旨在为我国公共图书馆的创新转型提供参考路径。为此，本书立足我国具体国策、国情以及公共图书馆发展趋势和现状，将视野聚焦于公共图书馆效率提升的战略。具体而言，在研究内容上，丰富公共图书馆效率的评估内容，以社会公众信息需求为出发点，对我国省级公共图书馆的效率和全要素生产率进行度量。在研究方法上，综合运用了马尔可夫链、核密度估计、数据包络分析等实证方法演绎公共图书馆效率的动态演化过程，发现影响因子和主要路径。

本书内容主要分为以下四个部分：第一部分包括第一章、第二章和第三章，主要介绍了研究背景与意义、研究思路与结构安排、研究方法、创新之处，并对公共图书馆效率与全要素生产率等相关文献进行了综述，梳理归纳我国公共图书馆的服务发展历程与现状。该部分的写作主要便于读者对公共图书馆效率、全要素生产率以及公共图书馆事业进展有初步的认识。第二部分包括第四章与第五章，主要评测我国公共图书馆效率以及实证研究其影响因素的作用机制，其中第四章基于2011~2020年我国公共图书馆投入产出面板数据，利用数据包络分析(Data Envelopment Analysis, DEA)方法评价我国公共图书馆效率；第五章则是在第四章的基础上，通过构建微观计量模型检验公共图书馆电子化程度、专业技术人才数量、公平指数、每万人拥有的公共图书馆面积等影响因素的作用强度和方向。第三部分包括第六章和第七章，该部分借助 DEA-Malmquist 指数模型评价我国公共图书馆的全要素生产率，进一步构建 Tobit 回归模型对其内外部影响因素进行实证检验，为促进各地区公共图书馆高质量发展提供实证支持。第四部分包括第八章和附录，该部分首先对全书各章的研究结论进行了系统性的梳理和总结，其次以此为据提出了一系列针对我国公共图书馆效率和全要素生产率改善的政策建议，并对未来下一步的研究工作进行了展望，最后在附录部分附上了近年来我国发布的与图书馆相关的政策文件。

本书的创新集中在以下几个方面：

首先，从公共图书馆的公平与效率理论出发，客观、科学地审视我国公共图书馆事业发展状况，理论研究视野别具一格。在公共图书馆服务效率度量指标的选取上，除了参考相关文献，还考虑到公共图书馆是一项重要的社会公共事业，属于非营利性机构，因此图书馆为读者提供信息服务的类型以及必要的人力、物力和财力投入将会被纳入效率测评框架，属于理论创新。其次，由于在评价决策单元时，传统 DEA 模型无法对效率值都有效的决策单元进行比较和排序，本书综合了传统 DEA 模型和超效率 DEA 模型评价我国各省、市、自治区的公共图书馆静态效率；同时，运用 DEA-Malmquist 方法测度我国公共图书馆动态效率，属于方法创新。最后，鉴于效率问题和影响机制都是一个长期、持续的过程，本书收集了近年来我国 31 个省份公共图书馆事业发展的相关数据，构建 DEA-Tobit 模型实证考察内部因素和外部因素对效率的作用路径，具有指导实践的开拓性、理论研究的交叉性以及学科上的前沿性，属于内容创新。

本书在写作的过程中，笔者得到了许多图书馆同行的热情帮助，也得到了很多专家、学者及其团队的支持，在此我谨向所有帮助过本书出版的机构与个人表示衷心感谢。我真诚地希望本书能够为我国公共图书馆高质量发展和创新转型提供更好的建议和思路，同时希望能够引发社会各界对公共文化事业更多的关注与思考。

当然，本书的顺利出版也离不开江苏高校哲学社会科学研究"基于知识传播效能的学术期刊评价与管理创新研究"（2022SJYB1948）、淮阴工学院2023年度校级高教研究课题"产学研合作情境下应用型本科院校创新学术团队建设研究"（2023GJ02）的联合资助与大力支持，在此一并表示感谢。

目录

Contents

第一章

导　论

党的二十大报告擘画了全面建设社会主义现代化国家，以中国式现代化全面推进中华民族伟大复兴的宏伟蓝图，提出中国式现代化是全体人民共同富裕的现代化，是物质文明和精神文明相协调的现代化，要推动文化自信自强，铸就社会主义文化新辉煌。公共图书馆作为丰富人民精神世界和培育文化自信的重要场所，站在新的历史起点，理应着眼于2035年基本实现社会主义现代化和建成文化强国的战略目标，以更加专业化、体系化、智慧化、社会化、全球化的发展思维，全面开创人民精神生活共同富裕新图景。如何以"效率"和"全要素生产率"双轮驱动，打造公共图书馆创新发展的"中国样板"，正是本书所探讨的问题。

一、研究背景与意义

（一）研究背景

党的十八大以来，党和政府积极推进我国公共文化服务体系建设。2015年，《关于加快构建现代公共文化服务体系的意见》提出应统筹推进公共文化服务均衡发展，提升公共文化服务效能。2020年《中共中央关于制定国民经济和社会发展第十四个五年规划和二〇三五年远景目标的建议》明确提出，到2035年把我国建成文化强国，推进城乡公共文化服务体系一体建设，提升公共文化服务水平。

公共图书馆是由中央或地方政府管理和资助并免费为社会提供资源和信息服务的图书馆，是公共文化体系的重要组成部分，在开展社会公共教育、提高全民文化素养和阅读量、传播科学知识和社会信息等方面发挥着重要作用。改革开放以来，我国经济保持高速稳健发展，人民群众的需求结构从"温饱型"转变成"发展型"，对精神文化的需求日益增长。为有效满足人民对文化的基本需求，提高人民的生活质量和国民文化素养，我国政府高度重视公共图书馆服务建设，推出并实施了一系列保障公共图书馆事业发展的政策。其中，党的十六届五中全会重点强调了深化文化体制改革的重要价值，明确指出我国政府应积极发展文化事业和文化产业，争取创造出更多更为优质的文化产品。2011年颁布的《公共图书馆服务规范》（GB/T 28220—2011）是中国图书馆标准规范体系中第一个服务类标准，有效规范了公共图书馆相关职能工作，引导公共图书馆服务供给水平和服务效能的提升。《全国公共图书馆事业发展"十二五"规划》更着重论述加强基层图书馆设施与人才队伍建设，完善法制保障体系，是建设社会主义文化强国的应有之义，对推进全面建成小康社会进程具有重要意义。为进一步保障人民基本文化权益，《中华人民共和国公共图书馆法》将图书馆事业从国家政策层面上升到法治化层面，为促进公共图书馆进一步发展提供了强有力的支撑。同年发布的《"十三五"时期全国公共图书馆事业发展规划》强调"要强化资源整合、提高服务效能，推进公共图书馆均衡发展"目标与成效。此外，政府对公共图书馆财政投入不断加大，公共图书馆的数量逐渐提升。公共图书馆总运营支出从2011年的776839万元逐步增长到2020年的1883153万元，涨幅高达142%，公共图书馆机构数从2011年的2952个增加至2020年的3212个。2020年，公共图书馆从业人员增加至57980人，总流通人次高达54146万人次[①]。因此，良好的政策环境和充足的资金支持为我国公共图书馆服务事业的有序发展提供了重要保障，对满足人民群众精神文明需求、提升国民文化素养、弘扬中华文化发挥了重要作用，也有助于推进"文化兴国、文化强国"战略目标的实现。

"十三五"时期，我国公共图书馆已经在服务方式、服务机制、服务内容和服务理念等方面取得了许多创新实践经验，如智慧公共图书馆理念普及、移动服务已成潮流、全民阅读如火如荼等。"十四五"时期，公共图书

---

① 数据来源：《中国文化文物统计年鉴》（2012年、2021年）

馆将进一步提升服务效率，巩固成果以实现高质量转型发展。在这一背景下，深入研究我国公共图书馆服务的发展历程与发展现状，对于明确新时代公共图书馆效率改善的关键问题和发展趋势，争取社会、政府对公共图书馆的持续关注、重视与支持，并最终推动公共图书馆在文化服务体系中实现整体进步具有一定的现实意义。2035 年基本实现社会主义现代化的重要任务之一就是建成文化强国。公共文化服务是满足人民文化需求、增强人民精神力量的基本途径，文化强国必须为人民提供更高质量、更有效率、更加公平、更可持续的公共文化服务。公共图书馆作为我国公共文化服务体系的重要组成部分，站在第二个百年征程的新起点，必须谋划和推进与建成文化强国相适应的发展目标：不断提高服务效能，到 2035 年基本建成具有中国特色、达到世界一流的公共图书馆体系。

但是，随着我国公共文化资源投入规模不断增大，公共图书馆却逐渐陷入绩效不增反降的"悖论"，并长期存在服务内容狭窄、管理效率不高等问题。当前，我国正处于经济发展和经济结构转型的关键时期，如何提高公共图书馆效率（Efficiency）和全要素生产率（Total Factor Productivity，TFP），充分保障人民群众基本文化权益，是保持社会长期和谐稳定发展的迫切需要。因此，为规范公共图书馆建设，公共图书馆的服务质量、公共图书馆效率以及全要素生产率的相关研究逐渐成为国内学术界和实业界关注的热点问题，我国政府也把公共图书馆服务绩效评估作为重点工作任务之一，每五年会开展关于县级以上公共图书馆评估定级工作。并且，作为一个拥有 14 亿人口的大国，提供均等化与高效的公共图书馆服务，是保障人民基本文化权益的应有之义，对提升国民文化素质、建设社会主义文化强国具有重要的全局性和战略性意义，而提高公共图书馆效率和全要素生产率则是促进公共图书馆事业高质量发展的有效途径。

（二）研究意义

拓展了公共图书馆效率和全要素生产率的研究方法。已有研究大多采用传统的数据包络分析（Data Envelopment Analysis，DEA）模型对公共图书馆效率和全要素生产率进行测度，而本书综合传统的 DEA 模型和超效率 DEA 模型共同评价公共图书馆效率，并构建 DEA-Tobit 计量模型研究公共图书馆效率和全要素生产率的影响因子作用机制，为相关部门制定政策提供参考。

有益于我国公共图书馆效率和全要素生产率的提升，进一步保障公民基本文化服务权益。在政府政策和财政支持下，人民群众所获得的公共图书馆服务水平得到了一定程度的提高，但与人民群众日益增长的精神文化需求相比，公共图书馆服务的供给仍然显得不充分。在公共图书馆服务投入资源有限的条件下，通过对公共图书馆效率和全要素生产率分解指标的全面分析，可以揭示公共图书馆服务过程中的短板所在，找寻我国公共图书馆提升服务效能的路径。

有助于全面了解我国区域和省域之间的地区差距，推动我国公共图书馆事业实现均等化与高效发展。一方面，通过全面解析我国公共图书馆效率和全要素生产率在区域和省域层面的地区差异特征，可以为我国因地制宜地制定公共图书馆的服务发展战略提供实证依据，进一步缩小公共图书馆服务运行状况的地区差距；另一方面，充分发挥公共图书馆服务的公平属性，能够在一定程度上检验我国公共图书馆服务发展成效，为明确公共图书馆未来发展方向提供重要的实证基础。

二、研究思路

本书首先回顾了现有公共图书馆效率和全要素生产率的文献，发现关于我国公共图书馆效率和全要素生产率的研究尚未形成系统的理论和方法，反映出学术界对公共图书馆效率问题研究还存在较大的延伸拓展空间，这些是本书开展研究的基础与前提。其次回答了为什么要研究我国公共图书馆的效率和全要素生产率问题。因此，本书主要从以下五个方面对问题进行分析：

第一，发展历程与现状梳理。我国图书馆事业在百余年的发展历程中走出了一条独具特色的图书馆事业发展道路，取得了举世瞩目的成就。

第二，公共图书馆效率与全要素生产率测度指标体系的构建。根据评价指标选取相关原则，结合本书对公共图书馆服务过程的内容标准界定，选取适合研究的评价指标，收集并整理相应的投入与产出指标的数据，并介绍样本的基本情况。

第三，我国公共图书馆效率测评—静态效率分析。鉴于随机前沿模型只能测度多投入--单产出限定条件下系统的投入产出效率，本书建立了一个多投入—多产出的公共图书馆效率指标体系。在参考以往文献的基础上确定投入产出指标，其中公共图书馆投入指标主要包括公共图书馆从业人员数、总支出、阅览室坐席数等，而产出指标用公共图书馆参观阅览人次、书刊外借册次、累计发放有效借书证数、总流通人次来衡量。在实证研究中，综合运用传统的 DEA 模型和超效率 DEA 方法进行测度，并就马尔可夫链检验公共图书馆效率是否存在马太效应。

第四，我国公共图书馆全要素生产率测评—动态效率分析。此部分内容考察 2011 年以来公共图书馆效率的变化情况，采用非参数 DEA－Malmquist 指数法对上述效率变化情况进行测度，测算我国公共图书馆的全要素生产率变化情况，并进一步洞察全要素生产率的变化源泉。

第五，我国公共图书馆效率与全要素生产率的影响因素分析。此部分内容考察除投入—产出指标外，环境因素对公共图书馆静态效率和动态效率的影响。影响公共图书馆效率的因素众多，对其的研究不可能做到事无巨细。本部分在参考以往文献的基础上，从公共图书馆内部因素和外部因素综合筛选一些主要的因素。考虑到本书测度采用的是数据包络分析方法，则需要引进 Tobit 分析技术，因此本部分内容将分别基于该技术对我国公共图书馆静态效率和动态效率的影响因素进行考察。

最后，总结本书的主要研究结论，提出改善我国公共图书馆效率和全要素生产率的对策和建议。

三、研究方法和技术路线

（一）研究方法

鉴于本书拟解决的问题大多需要采用实证的研究方法，力图用数据和图表来客观反映和描述我国公共图书馆效率和全要素生产率水平及其时空演进态势，因此除了采用传统的定性研究方法来分析公共图书馆服务相关

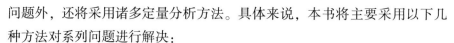

问题外，还将采用诸多定量分析方法。具体来说，本书将主要采用以下几种方法对系列问题进行解决：

第一，采用传统的 DEA 模型和超效率 DEA 方法对我国各地区的公共图书馆效率进行测度和评价。DEA 传统模型是不同于计量思想的规划运筹计算，不需要估计一些定量，也能有效避免主观因素，因此在评价多投入和产出的决策单元（Decision Making Units，DMU）效率时具有很明显的长处。超效率 DEA 模型是在传统的 DEA 模型基础上发展起来的，当 DMU 大多相对有效时，DMU 的效率值均为 1，这时无法进行排名或者排序，需要通过超效率 DEA 模型将其最终超过前沿面的效率值求出，再进行进一步的 DMU 效率分析。

第二，采用 Malmquist 指数法对效率的变化情况进行分析和分解。Malmquist 指数法是一种非参数的效率变化计算方法，现已在诸多领域得到广泛应用。本书以我国 31 个省份为基本决策单元，采用由 Fare 等（1994）提出的 DEA-Malmquist 指数方法，通过构造每一时期的最佳实践前沿来度量各个省份公共图书馆的技术效率变化和技术进步状况。

第三，采用马尔可夫链检验我国公共图书馆效率和全要素生产率的马太效应。马尔可夫链（Markov Chain）又称离散时间马尔可夫链（Discrete-time Markov Chain），为状态空间中经过从一个状态到另一个状态转换的随机过程。根据系统概率分布，在马尔可夫链上的每一个链条，可以保持当前状态，也可以进行状态改变。改变状态实质上也称为转移，而转移概率即与不同状态改变相关的概率。

第四，应用 Tobit 分析技术对公共图书馆效率的影响因素进行考察。由于 DEA 方法并没有考虑到随机因素的影响，同时 DEA 方法计算出的效率值区间为 0~1，如果应用传统的最小二乘回归，参数估计值会出现偏向于 0 的情形，Tobit 分析技术则可以有效地解决这一问题。本书分析我国公共图书馆效率与全要素生产率的影响因素时将引入 Tobit 分析技术，以此来克服单纯使用 DEA 方法的不足。

此外，书中还应用文献分析方法对与本书相关的文献进行分析和挖掘，应用比较研究方法对我国各省际区域及东部、中部、西部区域的公共图书馆效率和全要素生产率进行比较研究，采取归纳分析方法对我国公共图书馆效率规律进行归纳总结，并引入核密度估计方法展示我国公共图书馆效率的动态演进过程，当然相关假设的建立和理论的升华也离不开演绎推理的方法。

（二）技术路线

本书将按照如图 1-1 所示的技术路线对我国公共图书馆效率和全要素生产率的相关问题展开研究。首先，以相关理论为基础，通过参阅大量文献，了解和熟悉国内外有关公共图书馆效率方面研究的最新进展，结合我国具体现状和所学知识，发现以往研究中存在的不足和尚需解决的问题，

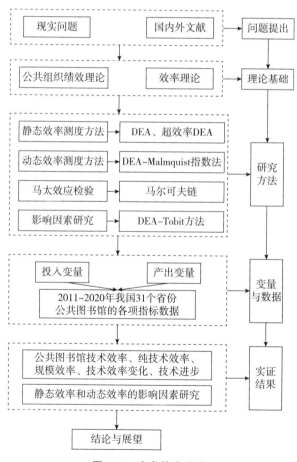

图 1-1 本书技术路线

找到本书研究的切入点；其次，针对文中指出的需要解决的问题，学习和掌握相关的效率测度方法，如数据包络分析等；再次，科学合理地选取投入产出及相关变量，收集样本数据；最后，应用相关方法和收集到的数据，回答本书提出的问题，并相应地做出分析和总结。

四、主要创新点

本书主要围绕我国公共图书馆效率的评价问题展开研究。与以往研究相比，本书的主要贡献在于拓展了公共文化服务绩效的研究领域，并将各种效率测度方法及相关技术应用于该项研究，考察了一些新的问题，而这些问题的深入探讨对我国公共图书馆事业高质量发展具有重要意义。与以往研究相比，本书的创新之处主要体现为以下四点：

第一，从动态角度考察我国公共图书馆效率的变化情况。以往研究主要是从静态的角度对公共图书馆效率进行考察，分析和测度某一特定年份的创新效率。本书围绕公共图书馆资源配置与使用，应用 DEA-Malmquist 指数方法，考察公共图书馆效率的动态变化情况，并探究我国公共图书馆事业发展的动力来源。

第二，揭示中国公共图书馆效率的演变趋势。将相关收敛理论与测度方法，主要将核密度估计引入区域公共图书馆的效率的演变趋势分析，考察近年来中国区域公共图书馆效率是趋于收敛还是发散，以期为地区间的公共图书馆事业协调发展提供参考依据。

第三，对公共图书馆效率测评的研究采用了"公平与效率双系统"研究范式。现有文献多从单一角度进行评价，而公平与效率是基本公共服务供给均等化不可或缺的价值取向，为此本书通过构建马尔可夫链模型考察我国公共图书馆公平与效率的区域马太效应程度，对公共图书馆效率水平进行测评。

第四，系统分析我国公共图书馆效率与全要素生产率的影响因素。基于 DEA-Tobit 方法分析，考察公共图书馆内部和外部环境因素对效率与全要素生产率的影响，分析其政策含义，就如何提升公共图书馆投入产出效率提出建议，以期助力我国图书馆事业发展，同时为国家及地方创建良好的公共文化服务体系提供借鉴。

　　当然，本书还有一些地方区别于以往研究。例如，在测度公共图书馆效率投入变量的选取上，本书选用了公共图书馆总支出这一流量指标；同时，为了进一步夯实研究结论，在全要素生产率投入指标的选取上，增加了体现公共图书馆信息基础设施保障的"计算机(台)"这一流量指标进行测算，以克服单一指标体系的局限性，使考察结论更为可靠。

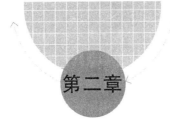

第二章

概念界定、理论基础和文献综述

本书旨在考察近年来中国公共图书馆效率的发展状况，而公共组织理论与效率理论为本书研究的开展奠定了理论基础，是本书研究的重要基石。本章对这些研究中已取得的、与本书研究联系较为紧密且具有重要参考价值的相关成果进行细致的回顾与梳理。当然，这里的回顾并不是对已有成果的简单罗列，而是要结合本书的研究视角和逻辑提出本书的研究观点，这也为后续研究作了理论铺垫。

一、相关概念界定

（一）公共图书馆

纵观东西方文化发展的历史进程，从不同的认知角度，人们对公共图书馆的定义都不尽相同。图书馆诞生于公元前 3000 多年，记录了人类的文明与进步。1850 年，英国下议院通过了世界上第一部全国性公共图书馆法案。1852 年，根据这一法案，曼彻斯特公共图书馆开放，文学大师狄更斯到场致辞，这是现代意义上公共图书馆的开始。170 多年以来，公共图书馆事业历经来自技术、文化、社会和政治等的冲击，仍然是人类精神家园的守护者。在图书馆里，我们不仅能了解到人类灿烂的文明和宝贵的文化遗产，还能搜索系统的、先进的信息资源，也能接受来自社会多方面的继续教育与指导。

从 1985 年出版的由吴慰慈、董焱编著的第一版《图书馆学概论》开始，一直到该书 2019 年的第四次修订版，国内学者纵观我国图书馆事业的宏观发展情况，对图书馆学的基本理论和知识做了充分的研究和分析，并不断修订图书馆的概念。在最新的版本中，吴教授认为图书馆是记忆存储和社会信息传递的载体，能够有效记忆社会发展的知识和信息并将其推广给更多的人。换言之，图书馆既是一个能够记忆社会知识和文化信息的有机体，也是一个将所存的信息扩散到不同地区的处于发展中的个体。

在我国，得益于财政的拨款支持和政府的统一管理，公共图书馆作为我国公共文化服务体系的主要组成部分之一，能够为公众提供信息的收集、整理、保存，以及图书查询、借阅等一系列相关服务，并保障人民群众继续社会化学习和享受终身教育的基本权益。所有走进公共图书馆的人都可以自由地阅览文献信息，学习相关知识，还可以参与辅助教学活动。公共图书馆的存在可以有效保障全社会百姓充分获取信息资源。公共图书馆与一般的高校图书馆和某些专业类的图书馆不同，其服务的范围更加广泛，服务对象没有特定的限制，服务内容更加多样，既包含一般的大众服务，也包括科研教育的科学服务。

从行政管理的角度看，公共图书馆包括国家图书馆，省、自治区、直辖市图书馆，地级市、地区、自治州、盟图书馆，县级图书馆和乡镇级图书馆等。其中，省、市级公共图书馆不仅是所在行政区域中的藏书、馆际互借和业务研究交流中心，还是为区域内中小型图书馆提供一定业务指导的机构。省、市级公共图书馆主要是面向城市各阶层人民群众提供图书馆服务的机构，而县级图书馆则是面向本县各类人群提供免费服务的机构。

从管理的角度分析，在图书馆从封闭到开放、从私有到公有的转换发展过程中，其为公共服务的特性逐步凸显。进入 21 世纪，公共图书馆向公众开放的力度和提供服务的区域成为判断现代公共图书馆公共服务体系绩效的重要指标。大多数学者认为，公共图书馆是一种为服务对象提供基础文化服务、知识服务、教育服务的文化机构。

另外，《公共图书馆服务规范》(GB/T 28220—2011) 对公共图书馆的定义是：由各级人民政府投资兴办、或由社会力量捐资兴办的向社会公众开放的，具有文献信息资源收集、整理、存储、传播、研究和服务等功能的公益性公共文化与社会教育设施。《中华人民共和国公共图书馆法》规定公共图书馆，是指向社会公众免费开放，收集、整理、保存文献信息并提供查询、借阅及相关服务，开展社会教育的公共文化设施。应当将推动、引导、服务全民阅读作为重要任务。

进入 20 世纪后，随着网络技术和计算机的发展，公共图书馆的生存受到前所未有的挑战。但时至今日，公共图书馆不仅没有消亡，反而越来越体现出满足民众文化需求方面的价值，这与图书馆一直以来秉持的发展立场有关，公共图书馆正是通过在学理和实践上的勇敢尝试，才做到与时俱进，服务效能持续攀升，使图书馆永远在满足民众文化需求的道路上不断前行。

综上所述，笔者认为我国的公共图书馆是一个接受中央政府或地方政府财政支持的，保障所有公民都能享受无偿的信息服务、社会教育服务、公益文化服务、知识娱乐性服务的公共文化服务事业单位。

(二)公共图书馆服务

1. 公共图书馆服务内涵

不同学者对公共图书馆服务的内容和范围的界定存在一定的差异，尚未形成统一结论。于良芝(2009)指出，按照公共图书馆服务的本质特征，可将其划分为显性服务和隐性服务，其中显性服务由读者服务与经济建设组成，隐性服务则包含读者活动、基础服务和深化服务。Koontz 和 Gubbin (2010)认为，公共图书馆服务是由公共图书馆向社区群众提供文献资源和其他相关的服务。宋睿(2019)认为，公共图书馆服务是指公共图书馆为社会公众与科研人员提供各项资源需求的服务。公共图书馆既承担着科学研究服务，还担负着为社会全体公众提供基础图书文化服务的任务。我国于 2011 年发布的《公共图书馆服务规范》中秉持类似的观点，明确提出公共图书馆服务主要指公共图书馆通过结合自身的人、财、物等相关资源要素，以及具备的专业技术能力，来满足社会公众对信息、知识以及相关文化教育活动需求的工作。可见，公共图书馆有别于其他类型的图书馆，其服务所涉及的对象较为广泛，包括社会各个年龄段、不同文化程度、不同群体的所有公众。

因此，综合以往学者的研究内容和国家文件中关于公共图书馆的服务理论观点，本书认为公共图书馆服务是指由政府作为主要供给者，面向社会全体公众免费提供，开展文化教育活动、图书借阅、文献信息查询等与公共图书馆各项资源需求相关的服务。

2. 公共图书馆服务的属性

作为基本公共服务的重要组成内容，公共图书馆服务具有经济性、公共性、社会学、公平性。

(1)经济性。公共图书馆服务具备较强的经济属性。经济性通常体现在两个方面：一是公共图书馆服务状况往往会受到经济发展、政府财政的影响；二是公共图书馆服务在一定程度上受到公众消费的经济能力影响。基于经济福利视角，公共图书馆服务可以有效增进经济欠发达地区及弱势群体的净福利。

(2)公共性。公共图书馆服务是为社会公众所共有的、共用的，并不单纯地属于特定的团体或个人。公共图书馆服务因具备非排他性和非竞争性，政府是公共图书馆服务的主要供给主体，社会公众所缴纳的税收是这一服务的主要资金来源，并通过社会公众共同享有来发挥资金的使用价值，充分表现出取之于民、用之于民的公共属性。

(3)社会性。虽然政府是公共图书馆服务的主要供给者，但随着政府职能转变和公民对依法参政的需要，社会公众逐渐参与到政府供给公共图书馆服务的过程中，与此同时，公共图书馆服务工作不仅受到政府相关部门的监管，还受到来自社会公众和不同利益集团的监督，即从宪政和社会双重层面对公共图书馆服务进行全面监督，可以进一步规范公共图书馆的服务内容、服务方式和服务标准，提高公共图书馆服务效能。

(4)公平性。公共图书馆服务是一项公共产品，公民有公平享有公共图书馆服务的权利。公平通常有横向与纵向之分，公共图书馆服务的公平性更多强调横向公平，也就是说，社会公众所享有的公共图书馆服务不会因其性别、年龄、种族等不同而存在差异。

(三)公共图书馆效率

效率起源于物理学的概念，随后被广泛应用于其他学科。其中，效率的内涵与外延在经济学中得到了较大程度的拓展与补充。经济学从投入与产出的角度继承了物理学效率的思想，并且效率逐渐成为经济学的核心概念。

一般而言，在经济学中效率主要包含狭义和广义两层含义：①在狭义层面，效率主要指资源的运用效率，就是具体的某个国家、区域、组织或生产厂商如何合理地运用自身拥有的资源要素，以减少资源浪费现象，从而获得更高的产量；②在广义层面，效率主要指资源的配置效率，即在产出水平既定的前提下，追求投入成本最小化；或在投入成本既定的情况下，达到产出最大化，反映的是不同国家、地区、机构、企业、个人等主体之间为了达到各决策主体效用最大化的一种资源配置方式或途径。因而效率的测度是一种相对变化，其数值水平通常的分布区间为 $0 \sim 1$。

提高公共图书馆效率是有效满足人民日益增长的精神文化服务需求和推动公共图书馆事业实现长足发展的基础。公共图书馆服务作为一项公共服务产品，具有非排他性和非竞争性，需要地方政府和中央政府长期稳定的财政经费支持和政策保障。对公共图书馆效率的研究不仅要关注其服务投入的经费、人员、设施等资源要素的产出运营管理活动，即对其服务资源配置能力的考察，还应该分析公共图书馆服务供给的主要利用情况。因为只有在公共图书馆所提供的公共文化服务产品被读者充分利用的条件下，公共图书馆投入的人、财、物等服务资源要素才有可能不被浪费，否则即使最初投入的资源要素生成了大量的公共文化产品，也有可能出现公共文化产品被闲置的状况，这时公共图书馆效率也并非有效的。据此，本书对公共图书馆效率的研究将同时考虑服务资源配置和服务产品利用情况，帮助公共图书馆管理者和地方政府做出合理的运营决策，提升公共图书馆的整体服务效率。

由此可见，本书认为对公共图书馆效率的评价是指在公共图书馆运行和管理过程中，公共图书馆通过优化配置自身投入的服务资源要素，合理提升服务产品的产出能力和服务产品的利用程度，从而不断提升公共图书馆服务能力的综合评价。根据以往的研究，公共图书馆效率评价还具有如下几点特征：

（1）公共图书馆效率评价是对公共图书馆服务资源配置能力、规模水平、技术水平以及服务产品利用程度进行衡量，是对公共图书馆服务的发展能力、生成能力与综合能力等多方面的全面考察。

（2）对公共图书馆效率的评价，不是简单地对公共图书馆服务产品利用情况的简单衡量，也不是直接对投入资源要素进行比较分析，而是从全局角度总体考量公共图书馆的服务活动。

（3）公共图书馆效率值不是绝对值而是一个相对值，主要通过与其他地区的公共图书馆主体比较获得。

（4）对公共图书馆效率的评价，可以是对一个地区或国家的公共图书馆整体效率进行评价，也可以是对单一公共图书馆效率进行分析。

（5）公共图书馆效率有微观和宏观之分。宏观效率主要将某一区域的公共图书馆作为整体来考虑，分析区域公共图书馆的效率总体情况；微观效率就是从投入产出的角度研究每个公共图书馆的最优资源配置。

随着效率测度理论的不断发展，效率的分类也越来越多，用数据包络分析的方法反映评估对象的效率主要包括技术效率、规模效率和纯技术效率。

技术效率（Scale & Technical Efficiency，TE）也称综合技术效率，指的是一个生产单元的生产过程达到该行业技术水平的程度，反映的是一个生产单元技术水平的高低及生产单元整体效率的情况。技术效率可以从产出和投入两个角度来衡量，在产出既定的情况下，技术效率以投入最小化的程度来衡量；在投入既定的情况下，技术效率以产出最大化的程度来衡量。当生产过程仅涉及一种产出和一种投入时，可以通过计算各生产单元的产出/投入的比值，即每消耗 1 个单位的投入所生产的产品数量，来反映各生产单元的技术效率高低。如果将每个单元的产出/投入比值除以其中的最大值，就可以将产出/投入比值标准化为 0~1 的数值，这样可以更好地反映被评价单元与最优单元之间的技术效率差距。当产出和投入不止一项时，对各个投入产出和投入指标赋予一定的权重，然后计算加权产出/加权投入的比值，可以作为反映技术效率的指数。当生产单元的技术效率为 1 时，该生产单元的效率被认定为 DEA 有效。

规模效率（Scale Efficiency，SE）也称规模有效，指的是决策单元处于规模报酬递减或规模报酬递增阶段时，偏离固定规模报酬的程度。如果规模效率小于 1，则生产单元处于规模报酬递减或规模报酬递增阶段；如果规模效率为1，则生产单元处于规模报酬不变阶段。规模报酬递减说明同比例增加投入会得到较小比例的产出；规模报酬递增表明同比例增加投入会得到更大比例的产出。规模效率是研究生产经营规模与效率关系的一个重要指标，它反映的是被评价对象是否在最优的投资规模下进行经营。只有决策单元处于规模报酬不变阶段的生产单元才是规模有效的，处于规模报酬递增或者规模报酬递减阶段的决策单元都是规模相对无效的。需要注意的是，当生产技术为规模报酬可变时，才存在规模效率问题。

纯技术效率(Technical Efficiency，TE)也称纯技术有效，指的是当生产技术为规模报酬可变时，剔除规模效率影响后各生产单元在给定资源投入水平下能够达到的最大产出能力。纯技术效率是技术和管理水平带来的效率，反映公共图书馆的管理水平。纯技术效率为1，表示在目前的技术和管理水平上，生产单元投入资源的方式是有效率的。技术效率、规模效率和纯技术效率之间的关系可以用一个公式概况：纯技术效率=技术效率/规模效率，即技术效率反映的是纯技术效率和规模效率的总体情况，纯技术效率是技术效率剔除规模效率影响后的产物。

(四)公共图书馆的全要素生产率

生产率(Productivity)是度量生产经营过程中资源有效利用程度的重要指标，在经济学研究中，生产率包括单要素生产率(Single Factor Productivity，SFP)和全要素生产率(Total Factor Productivity，TFP)。单要素生产率是指单一投入要素与总产出要素之间的比率，如劳动生产率和资本生产率通过劳动投入的投入量与产量、资本投入量与产量之间的比值来衡量。然而，由于经济活动的生成经营过程通常涉及多种投入要素，并且投入要素之间往往存在互补或替代的关系，某一投入要素的节省或产出效率的提升，可能会带来其他生产要素的滥用，从而单要素生产率难以客观反映总体生产率的变化情况，在应用方面有很大的局限性。

1942年，荷兰经济学家Tinbergen首次提出了全要素生产率这一概念，将时间变量引入生产函数，用来刻画效率的变化情况。随后，美国经济学家Stigler(1947)也提出了全要素生产率。全要素生产率基于总投入要素与总产出要素之间的比值来确定，有时候也被称作索洛剩余、总和要素生产率。与单要素生产率比较而言，全要素生产率能够考察多种投入要素的生产率变化，可以全面反映经济主体的综合经济效益，找出经济活动增长的源泉，因而实际应用范围更加广泛。1954 年，Davis 对全要素生产率的主要内容进行了阐述，指出全要素生产率应该覆盖与生产经营活动相关的所有投入要素，包括能源、资本、劳动力等，此后国内外学者逐渐对全要素生产率的内涵与外延展开了较为丰富的研究。在全要素生产率测度方面，Solow(1957)在前人的研究基础上，将技术进步代入生产函数的索洛余值法，认为"增长余值"是在规模报酬不变的条件下用产出增长率减去劳动、资本增长率加权和的剩余效率；Aigner 等（1977）、Meeusen 和 Broeck（1977）提出了将随机干扰项引入生产函数的随机前沿分析法；Färe 等（1994）采用数据包络分析构造了刻画出全要素生产率变化的 Malmquist 指数法。

对公共图书馆全要素生产率进行评价，不仅能够反映其服务过程中所有投入要素引发的总生产率变化情况，而且可以挖掘公共图书馆增长的动力源泉，主要衡量被考察的公共图书馆在规模和技术水平上的变化以及要素配置与利用等方面的合理性，是全面评价公共图书馆服务与可持续发展的能力，为公共图书馆服务的保质增效提供参考标准。通过梳理相关成果发现，公共图书馆全要素生产率评价具有以下几个特征：

（1）公共图书馆全要素生产率评价是对公共图书馆可持续发展能力的全面考察，反映了公共图书馆服务产品利用效率和资源使用效率的变化水平、技术变化水平和规模变化水平等方面的情况。

（2）公共图书馆全要素生产率不是一个绝对值而是一个相对值，主要通过与其他公共图书馆比较分析获得。

（3）对公共图书馆全要素生产率的评价，既可以是对一个国家或地区公共图书馆整体全要素生产率的评价，又可以是对单个公共图书馆全要素生产率的评价。

（4）公共图书馆全要素生产率的评价，是从全局角度考察公共图书馆的增长水平，不是简单地对公共图书馆投入资源要素进行数量比较，也不只是对服务产品利用程度变动水平的直接衡量。

（5）公共图书馆全要素生产率有微观和宏观之分。宏观全要素生产率主要是将某一区域的公共图书馆作为一个整体来考察，解析公共图书馆全要素生产率增长的总体状况；而微观全要素生产率是从投入产出角度分析每个公共图书馆增长的最佳状态。需要说明的是，本书研究的公共图书馆全要素生产率是从宏观视角考察中国各地方公共图书馆全要素生产率变化的。

（五）公共图书馆效率与全要素生产率的联系与区别

从上述分析可以看出，"效率"与"全要素生产率"既存在联系又有所区别，但部分学者在对公共图书馆效率和全要素生产率进行评价时，将两者视为同一种概念，这种概念混淆往往会影响评价结果的科学性，基于研究结果所提出的政策建议也缺乏针对性，使研究的现实意义和理论价值大打折扣。

为了直观地描述"效率"与"全要素生产率"二者之间的区别与联系，这里借助一个简单的公共图书馆服务过程予以解释和说明。假设公共图书馆服务过程只使用单一投入生成单一产出的情况，用 x 和 y 分别表示投入要素和产出要素，如图 2-1 所示。

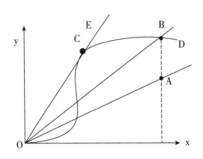

图 2-1　效率与全要素生产率

在图 2-1 中，曲线 OCBD 为生产前沿面，意指在每一单位投入水平下的最大产出，因而生产前沿面可以反映公共图书馆服务现有的技术水平。如果某个决策单元（Decision Making Unit，DMU）位于生产前沿面上，则说明该决策单元达到最大效率且处于技术有效状态；若位于生产前沿面的下方，则表明该决策单元技术无效率。如 A 点代表的决策单元处于技术无效率状态，而 B 点和 C 点代表的决策单元具有技术效率，因为 A 点可以在不增加投入的条件下，就可以提高到 B 点决策单元的产出水平。

图 2-1 中 OA、OB、OC 等通过原点的射线斜率（y/x）是单一产出与单一投入的比例，可以用来衡量决策单元的全要素生产率。当某个决策单元从 A 点移动到处于生产前沿面的 B 点时，斜率会增大，即该决策单元的全要素生产率会提高，同时具备了技术效率。并且随着公共图书馆服务运营状况继续转移，当由 B 点进一步移动至 C 点时，射线与生产前沿面相切，斜率达到最大，即在均处于技术有效状态下，由于 C 点处于最优的规模状态，因而 C 点的全要素生产率增长水平比生产前沿面上的其他点都要高。也可以看出，对于处于技术有效状态下的决策单元，可以通过提升规模效率来增加全要素生产率，而决策单元的运营规模难以在短期内发生改变，所以技术效率通常属于短期（静态）概念，而全要素生产率属于长期（动态）概念。技术效率、纯技术效率与规模效率考察决策单元在某一时间点的静态效率，而技术效率变化和技术进步考察决策单元随时间变化的动态效率。技术效率变化表示决策单元向前沿面的远离或靠近，远离表明技术效率降低，靠近表明技术效率增高；而技术变动意味着生产前沿面的移动，向外移动表明技术进步，向内则是技术退步。

因此，处于生产前沿面上的点一定具有技术效率，但未必具备最佳的全要素生产率增长状态，可以通过提高内部管理水平、优化资源配置结构、改善运营规模、提升技术使用能力等手段来提高全要素生产率增长水平。有鉴于此，在考虑公共图书馆服务过程单一投入单一产出的情形下，效率其实就是某个决策单元与生产前沿面之间的距离，而全要素生产率描述的是某个决策单元的斜率。

二、理论基础

（一）图书馆学五定律

1931 年，图书馆学名著《图书馆学五定律》面世。《图书馆学五定律》

从根本上阐述了图书馆发展的目标，指出了图书馆工作应遵循的规范准则及努力方向。第一条定律：书是为了用的。强调了"书"，强调图书馆不是只把图书收藏进馆，放在书架上保存就完成了使命，还需要想办法让图书物尽其用。第二条定律：每个读者有其书。强调了"读者"，平等阅读原则是国际上共同遵循的重要原则，阅读推广应当遵循"权利""全民"理念。第三条定律：每本书有其读者。这是对图书馆服务提出的要求，认为应具有主动性、效用性，改变传统模式。第四条定律：节省读者的时间。这条定律对图书馆管理与服务提出提高效率的要求，指出要用更短的时间来向读者提供满足读者所需的服务。第五条定律：图书馆是一个生长着的有机体。图书馆应当不断满足社会与读者日益多样化的需求，吐故纳新。

《图书馆学五定律》重视读者需求，认为图书馆不仅要保证基础的阅读服务，而且要与时俱进，以提供更好的服务。图书馆的"生长"需要融入经济、社会高质量发展的大环境，走高质量发展之路。随着社会的发展进步，社会公众的阅读需求不断增加，只有了解并满足读者对于公共图书馆服务的真正需求，不断创新和完善服务手段与方式，才能提高服务效率。

(二)公共组织绩效评价理论

20 世纪 70 年代出现了公共组织绩效评价理论。为了应对政府职能扩张、信息技术革命和经济下行压力，西方发达国家开展了新公共管理运动。该运动把绩效奖励看作效率提升的手段，严格控制投入产出，坚持公共组织必须充分利用资源的原则底线，重塑了一个需求选择自由性强、机构参与度高、高度契约化的政府体制。

公共组织绩效评价，即以标准化的管理程序、科学化的管理方式评价公共组织管理的行为过程和工作成果。而公共组织管理是集财政、人力和制度等要素为一体，具有高投入产出特点的社会化管理活动，绩效评价则贯穿该活动始终。通过绩效评价，可以理清组织目标、判断组织运行结果、协调过程中投入产出配比、提供组织绩效参考，进一步挖掘效能潜力。

公共图书馆是依赖政府财政支付的公共组织，按照上述公共组织绩效评价理论，公共图书馆要满足公众的知识需求，更需要合理配置政府投入的资源，客观考核投入—产出结果，坚持"立馆为民"，追求资源利用的效益。

（三）"4E 评价法"理论

1955 年，芬维克（Terry Fenwick）首次提出了"3E 评价法"，认为绩效测量指标应该包括经济、效率、效益三个层面。20 世纪六七十年代，新公共行政学派极力主张，公平（Equality）应作为体现公共责任价值指标加入政府绩效评价体，以往的"3E 评价法"过于强调经济等硬指标，忽视了公平、民主等软指标。在此背景下，1997 年福林（Flynn）概括总结出了"4E 评价法"。

"4E 评价法"的具体指标分为四个方面：公平性（Equality），指社会成员能否享受到普遍公平的待遇，弱势群体是否受歧视；有效性（Effectiveness），指利用投入实现的产出能否达到预定目标；效率性（Efficiency），指是否做到产出成果与成本投入在比例上相匹配；经济性（Efficacy），指以尽可能小的成本投入换取高质高效的产出。

"4E 评价法"理论认为，公共图书馆在提供公共文化服务时务必做到公平公正，特别是保障弱势群体的权益，实现社会价值；要优化结构、减少资源浪费，产出不能是无效结果，必须对公共文化服务有着积极效果；要协调投入各项资源的数量，统筹投入产出过程中的效率性，确保投入资源与产出的体量相匹配；更应追求效益，保证投入的经济性，资金和资源等需合理审定，而不是盲目追求大量的资源和资金投入。

（四）效率理论

本书在绪论部分回顾公共图书馆效率的相关文献时已经对效率的概念和测算方法做了简单介绍和定性描述。关于具体测算方法的数学模型将在后文的经验分析中，根据章节逻辑安排予以介绍，这主要体现在后文各章节中的研究方法部分。需要说明的是，尽管一些方法在测算原理和适用范围上各不相同，但都是以生产前沿面理论为基础的。考虑到后文中限于篇幅及逻辑架构，难以在设定方法模型时对作为效率研究基础的前沿面理论做详细的介绍，本部分内容即安排对这一理论做系统梳理，这无疑有益于厘清效率测算的基本思想，对效率理论有一个全面、深入的认识，也可为后续方法的应用提供启示。

1. 生产前沿面

生产前沿面是指一定投入下的最大（最优）产出集合或产出一定下最小投入的集合所构成的边界。所有投入与产出的可行集合构成了生产可能集。生产可能集可表示为：

$$S = \{(x, q: x \text{ 能生产出 } q)\} \qquad (2-1)$$

式(2-1)中，x 为投入要素向量，q 为产出要素向量，s 由所有的投入产出集合(x，q)构成。同理，可定义产出集和投入集。

定义产出集为：

$$P(x) = \{q: x \text{ 能生产出 } q\} = \{q: (x, q) \in S\} \qquad (2-2)$$

定义投入集为：

$$L(q) = \{x: x \text{ 能生产出 } q\} = \{x: (x, q) \in S\} \qquad (2-3)$$

根据 Coelli 等（2008）的研究结论，对于任一投入 x，产出集 P(x)具有如下性质与限定：

(1) $0 \in P(x)$，即产出可以为 0。

(2)非零产出不能由零投入生产出来。

(3) P(x)满足产出的强可处置性：如果 $q \in P(x)$ 且 $q^* \leq q$，那么，$q^* \in P(x)$，说明在一定技术条件下减少产出是有可能的。

(4) P(x)满足投入的强可处置性：如果 q 能由 x 生产，那么 q 能由任意 $x^* \geq x$ 生产，说明在一定技术条件下增加投入是有可能的。

(5) P(x)是凸的。即对于任意(x，q) $\in S$ 和(x'，q') $\in S$，$0 \leq \theta \leq 1$，有：$\theta(x, q) + (1-\theta)(x', q') \in S$，生产可能集具有凸性。

(6) P(x)是封闭的、有界的。有界性意味着使用既定的投入不能生产无限的产出。

对于投入集 L(q)也具有以下三个性质：

(1)对于所有 q，L(q)是闭集且具有凸性。

（2）如果 $x \in L(q)$，对于所有 $\lambda \geqslant 1$，有 $\lambda x \in L(q)$，那么称投入是弱可处置的。

（3）如果 $x \in L(q)$，且 $x^{*} \geqslant x$，有 $x^{*} \in L(q)$，那么称投入是强可处置的。

产出集和投入集定义了两种不同的前沿面确定模式：产出导向模式和投入导向模式。产出导向模式是在投入量固定的前提下对产出量进行调节和控制以到达效率前沿的模式，投入导向模式则是在产出量固定的前提下对投入量进行适当调节和控制以到达效率前沿的模式。

在确定了生产可行集之后，生产集中的最优状态点，即投入最小或产出最大的集合点所构成的曲面便是生产前沿面。处于生产前沿面上的点为技术有效点，即在既定投入下产出达到了最大化或者在既定产出下投入实现了最小化。实际点只能位于前沿面下方或者前沿面上，不可能位于前沿面上方，而位于其下的点为技术无效点。考虑单一投入和单一产出的情形，生产前沿面可由图 2-2 描述。

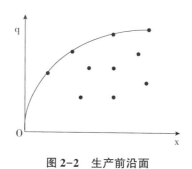

图 2-2　生产前沿面

图 2-2 中的所有点组成了生产可能集，而生产前沿面则由包络了生产可能集外围点的一条线组成，其他点位于这条线的下方，为技术无效点，其无效程度可以用该点与前沿面之间的距离来衡量，距离越大，无效程度越高。接下来，本章便对连接无效点与前沿面的桥梁—距离函数做简单介绍。

2. 距离函数

上述定义了生产可行集，也构造了前沿面，但如何测算决策点的效率程度呢？距离函数是一个非常有效的工具。距离函数由 Malmquist（1953）和

Shephard(1953)各自独立提出，其优点是不必假设成本最小化或利润最大化等行为目的便可以对多产出和多投入下的生产技术进行描述。距离函数可分为产出距离函数和投入距离函数。产出距离函数关注投入既定条件下产出的扩张比例，而投入距离函数关注产出既定条件下投入的缩减比例（Coelli et al.，2008）。

根据 Coelli 等(2008)的总结，产出距离函数可定义为：

$$d_0(x,\ q)=\min\{\delta:\ (q/\delta)\in P(x)\} \qquad (2\text{-}4)$$

投入距离函数可定义为：

$$d_i(x,\ q)=\max\{\rho:\ (x/\rho)\in L(q)\} \qquad (2\text{-}5)$$

式(2-4)中的 δ 为到达生产前沿面过程中实际产出与可能产出的比率，而式(2-5)中的 ρ 为到达生产前沿面过程中实际投入与可能投入的比率。由此可见，产出或投入距离函数即为实际产出与最大产出或者实际投入与最小投入的比值。可用图 2-3 和图 2-4 分别表示产出距离函数和投入距离函数。

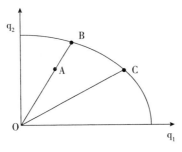
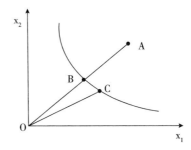

图 2-3　产出距离函数　　　　图 2-4　投入距离函数

图 2-3 中，A 为产出集内的一个点，而 B 点、C 点位于生产前沿面上，产出距离函数值 $\delta=OA/OB$。显然，位于前沿面上的 B 点和 C 点的产出距离函数值为 1。图 2-4 中，A 点位于投入集内，B 点、C 点位于生产前沿面上，投入距离函数值 $\rho=OA/OB$。显然，B 点、C 点的投入距离函数值亦为 1。

产出距离函数的性质可归纳如下（Battese and Coelli，1995）：

(1)对于所有非负投入 x，$d_0(x,\ 0)=0$。

（2）$d_0(x, q)$关于 q 非递减，关于 x 非递增。

（3）$d_0(x, q)$关于 q 是线性齐次的。

（4）$d_0(x, q)$关于 x 是拟凸的，关于 q 是凸的。

（5）若 $q \in P(x)$，则 $d_0(x, q) \leqslant 1$。

（6）若 q 位于生产可能集的前沿面上，则 $d_0(x, q) = 1$。

投入距离函数亦有以下几个性质：

（1）$d_i(x, q)$关于 x 非递减，关于 q 非递增。

（2）$d_i(x, q)$关于 x 是线性齐次的。

（3）$d_i(x, q)$关于 x 是凸的，关于 q 是拟凸的。

（4）若 $x \in L(q)$，则 $d_i(x, q) \geqslant 1$。

（5）若 x 位于生产可能集的前沿面上，则 $d_i(x, q) = 1$。

产出与投入距离函数反映了在既定投入下产出可以扩大，或者在既定产出水平下投入可以缩减的程度。产出距离函数越小，产出可扩大的程度就越高，反之越低；而投入距离函数越小，投入可缩减的程度就越低，反之越高。在规模报酬不变的条件下，产出距离函数与投入距离函数互为倒数，即

$$d_0(x, q) = 1/d_i(x, q) \tag{2-6}$$

3. 效率测算

在定义了生产可能集与距离函数之后，效率的测算便变得可行。在投入导向模式下，决策单元的技术效率 TE 可表示为：

$$TE = 1/d_i(x, q) \tag{2-7}$$

投入导向模式下决策单元的技术效率等于投入距离函数的倒数，即图 2-3 中的 OA/OB，表示在一定产出水平下最小化投入水平的能力。

在产出导向模式下，决策单元的技术效率 TE 可表示为：

$$TE = d_0(x, q) \tag{2-8}$$

根据式（2-8），产出导向模式下决策单元的技术效率与产出距离函数值相等，即图 2-3 中的 OB/OA，表示在一定投入水平下最大化产出水平的能力。显然，技术效率区间范围为（0，1]。位于前沿面上的点，其技术效率为 1，表示技术有效。

在动态情况下，图 2-3 和图 2-4 中的 A 点向前沿面靠近，表明技术效

率提高，而投入导向模式下前沿面的向内移动及产出导向模式下前沿面的向外移动，表明技术进步。

至此，本书已经基于前沿面技术回顾了决策单元技术效率的内涵与测算思想。至于具体的测算方法，根据前沿面设置的不同，可以分为参数法和非参数法两大类，这已在绪论部分内容中做了简单介绍。根据本书的逻辑安排，将在接下来的实证研究章节中详细介绍参数法的测算模型，此处不再赘述。

三、国内外研究述评

(一)公共图书馆效率研究综述

1. 公共图书馆效率研究对象

(1)我国公共图书馆效率研究。郭军华(2010)以我国 31 个省级区域为研究对象，在合理选取投入产出指标的基础上，基于 DEA 方法测度不同区域的公共图书馆运营效率，结果说明当前我国仅有 45.2% 的省份处于效率前沿面。

朱相宇(2014)利用 DEA 模型，选取 1996~2011 年相关数据，以北京为例，对北京公共图书馆效率展开纵向评价，并结合横向与纵向评价结果得出相应结论。

孙晓明(2021)收集了天津市区级公共图书馆的投入产出数据，用 DEA 模型测算了图书馆综合效率、技术效率、规模效率，分析了生产的不足，提出了改进的策略和建议。

万莉等(2018)运用数据包络分析方法 BCC 模型，针对 2008~2011 年我国省域公共图书馆效率进行测度，发现我国公共图书馆效率为 0.6042，东部、中部、西部地区公共图书馆利用效率分别为 0.7633、0.5704、0.4790。

傅才武和张伟锋(2017)首先借助 CCR 和 BCC 模型对我国省域公共图书馆的综合效率、纯技术效率、规模效率进行了测算及分析，然后借助 FG、ST、WY 模型分析了规模收益状况及"拥挤"现象，并科学量化了"拥挤度"。评价结果显示我国公共图书馆整体服务效率有待提高，并且近几年效率持续下降，主要原因是技术管理水平不足和资源配置拥挤；对于公共图书馆效率持续下滑、资源配置呈现拥挤这一现实问题，改革图书馆管理制度的紧迫性要先于增加公共投入的要求。

王楠（2023）应用数据包络分析法，对江苏省 13 家地市级公共图书馆的相对效率进行了评价研究。对其存在的资源配置不合理、区域发展不均衡等问题，提出了发展的四点建议：一是落实经费保障，重视运营兼顾管理；二是深度解读读者，合理配置馆藏资源；三是发挥区域特色，开创多元品牌服务；四是利用信息技术，促进全省均衡发展。

随着 DEA 模型的不断发展，也有学者逐渐采用非传统 DEA 方法评价我国公共图书馆效率。储节旺和储伊力（2015）运用 Super-SBM 方法，对我国 30 个省份的公共图书馆效率进行了测度，并根据测度结果对我国公共图书馆进行了排序和分类，通过效率测评，将我国公共图书馆分为四类，指出我国公共图书馆存在资金浪费、人员未能人尽其才、所举办活动质量较低等方面的问题。

陈英和洪源（2015）运用三阶段 DEA 方法，在考虑外部环境因素的基础上，对 2009~2012 年我国省域公共图书馆效率进行了测度。测度结果表明，我国公共图书馆的整体效率偏低，有较大的优化空间。从效率分布的区域特征来看，呈现"东高西低"的梯度空间分布特征，运用三阶段 DEA 方法可剔除上述外部环境因素对效率值的影响，进而更为准确、真实地测度公共图书馆效率是非常有必要的。

王惠等（2014）综合运用 DEA 和 SFA 方法分析了 2005~2011 年我国 30 个省份的公共图书馆静态效率，结果发现，SFA 和 DEA 两种方法在我国公共图书馆效率值排序时具有一致性；公共图书馆效率整体差强人意，东部地区最高，西部地区最低。

张建红（2016）运用 Super-DEA 方法，从投入产出角度对我国 30 个地区的公共图书馆进行效率测度与评价，发现我国公共图书馆效率呈现东高西低的特点；之后进一步测评了我国各地区公共图书馆在投入产出方面的松弛变量，并提出资源优化配置方向及组合上的建议，以期对我国公共图书馆的发展提供参考建议。

王惠和赵坚(2016)选取 2008~2012 年中国 31 个省份的面板数据样本，运用 SBM 模型测度省际公共图书馆效率，比较公共图书馆效率的区域差异，在此基础上利用非参数 Kernel 密度估计方法和 Moran I 空间自相关统计方法研究考察期内公共图书馆效率的数值和空间分布状况。结果发现：东部地区的公共图书馆效率显著高于中部、西部以及东北地区；邻近区域间公共图书馆效率水平具有一定的相对收敛性；公共图书馆效率之间存在较为显著的空间相关性，空间集聚趋势明显。

万莉等(2018)基于美国公共图书馆评价指标体系(HAPLR)，以"十二五"时期我国 30 个省份公共图书馆为研究对象，运用 DEA 视窗(DEA - Windows)分析模型测评我国各省域公共图书馆效率，构建公共图书馆效率与公平二维矩阵，并引入标杆管理理论，为公共图书馆效率低下省份找到适宜学习标杆。研究发现：我国公共图书馆服务效率仍存在较大提升空间，省域公共图书馆效率差异明显，各省份公共图书馆事业建设过程中应实行效率优先，兼顾公平。

(2)其他国家公共图书馆效率研究。Vitaliano(1998)借助 DEA 方法测度了美国纽约 184 个图书馆的效率，指出在这些图书馆中仅有 67% 是有效的。Sharma 等(1999)采用产出导向 DEA 模型测度了美国夏威夷州 47 个公共图书馆的效率，结果显示其中 14 个图书馆服务效率处于生产前沿面，公共图书馆效率呈现先下降后上升的趋势。Li 和 Yang(2014)考察了美国州一级的公共图书馆服务系统的技术效率，研究发现公共图书馆平均技术效率得分为 0.96，有 20 个州拥有完善的公共图书馆服务系统。Guajardo(2018)采用基于 VRS 的 DEA 模型评估了美国 999 个特殊地区公共图书馆的技术效率，发现有 314 个公共图书馆在技术上有效，资源配置达至合理水平，其中 32% 的公共图书馆的技术效率得分在 0.50~0.79，而 22% 的公共图书馆技术效率得分介于 0.00~0.49。Ami(2019)探讨了西弗吉尼亚州公共图书馆的效率，发现公共图书馆效率存在较大的地区差异。也有学者对美国非营利公共图书馆的技术效率进行评价，Guajardo(2020)评估了美国 339 个非营利公共图书馆(NPPLs)效率，以产出为导向的 DEA 分析结果表明，46% 的非营利公共图书馆具有技术效率。

Worthington(1999)评估了澳大利亚新南威尔士州 168 个公共图书馆的

技术效率，研究表明总体平均技术效率得分为 0.2，仅 9.5%的政府经营的公共图书馆具有技术效率。Hammond(2020)基于 1995 年及 1996 年英国 99个公共图书馆相关数据，采用 DEA 方法对英国公共图书馆服务效率进行测算，结果表明英国不同公共图书馆的效率水平呈现出较大的差距，部分公共图书馆服务效率较低，并且在规模收益递增的条件下，许多公共图书馆规模效率仍处于较低水平。Kim(2005)通过图书馆服务系统中投入与产出之间的关系来评估公共图书馆服务的相对效率，评价了 2002 年首尔市 21个公共图书馆的服务效率，发现过多的馆藏是效率偏低的主要原因。Chen等(2005)以东京公共图书馆为基本决策单元，提出并论证了一种情境相关的 DEA 方法，该方法衡量了某一效率水平的图书馆相较于效率较差的图书馆的相对吸引力。Miidla 和 Kikas(2009)使用 DEA 模型评价了爱沙尼亚 20个中央公共图书馆的相对效率，研究发现，40%的被调查图书馆有效地利用了自身资源，其余图书馆效率得分主要分布区间为 0.74~0.98，并且大多低效图书馆的主要非效率因素是人员支出不足。de Carvalho 等(2013)利用 DEA 实证分析了里约热内卢联邦大学附属的 37 个公共图书馆的服务效率。也有学者运用 DEA 评估了捷克公共图书馆的技术效率，认为公共图书馆在向读者提供服务的过程中存在技术效率偏低的状况。例如，Vrabková(2016)使用 BCC 模型测算了 2003~2014 年捷克公共图书馆的技术效率，结果表明图书馆的馆藏资源效率较为低下，最小城市(E 类)的公共图书馆没有充足的藏书可供读者使用，中型城市(D 类)的读者和借阅数量也表现出不足。Vrabková(2017)选用基于 CRS 的 DEA 模型测算了捷克 33 个公共图书馆效率，结论与之前的研究发现类似，再次证实了捷克大多数公共图书馆技术效率偏低的结论。Srakar 等(2017)探讨了斯洛文尼亚公共图书馆服务效率，使用 2008~2014 年图书馆发展中心(CEZAR)关于 58 个图书馆的相关数据，采用数据包络分析法发现，考察期内图书馆资源利用程度较高，其面临的问题不在于效率低下，而更可能是其他系统需求。

2. 公共图书馆效率评价指标

对于公共图书馆效率评价指标体系的构造，现有研究有很多不同的做法，一般涉及公共图书馆服务过程的投入、产出两个方面，而由于分析视角、评价对象、考察时期的不同，指标的选取也有所差异。

De Witte 和 Geys (2011)选取图书馆在工作人员、基本经营、基础设施三方面的开支预算作为投入指标,将所提供的书籍、媒体及每周开放时间作为产出指标。Reichmann 和 Sommersguter-Reichmann(2010)选取图书馆员工数量(FTEs)和图书资料总量(BHELD)作为投入指标,连续订阅数(SER)、总发行量(CIRC)和新增图书资料数(BADD)作为产出指标。Chen(1997)考虑了五个投入指标(人员、藏量、经费、图书馆面积、座位)和六个产出变量(参与率、图书流通、参考资料流转、读者满意度、服务时间及馆际互借);Miidla 和 Kikas(2009)考虑了四个投入变量:年度经费、年薪资支出、总藏量和图书馆面积,两个产出变量:读者数量和借阅量;de Carvalho 等(2012)将员工数量、图书馆面积、图书藏量作为投入,将注册、参观、流通、咨询量作为产出;Shahwan 和 Kaba(2013)认为,主要投入包括总经费支出、服务人员、图书藏量,产出主要包括读者登记注册、总流通和图书收藏增量。Yoon(2010)采用固定资产、馆舍面积和工作人员数量作为投入指标,选取馆舍藏量和用户访问次数作为产出指标。Hammond(2002)将开放时间、专著和音像资料数量、连续出版物数量和图书馆新增项目数量作为投入指标,将总流通量、参考业务量、正在进行被请求项目数量视作产出指标。

表 2-1 展示了国内不同学者对公共图书馆效率评价中投入产出指标的选用情况。

表 2-1　我国学者关于公共图书馆投入产出指标统计

作者	投入指标	产出指标
李建霞 (2008)	从业人员数占人口比、电子阅览室终端数/机构个数、人均拥有藏书册数、各馆各种设备购置费、人均购书费、阅览室坐席数、机构个数	累计百人发放有效借书证、书刊文献外借册次、书刊文献外借人次、总流通人次
王婷和李少惠 (2020)	财政拨款、从业人员、图书总藏量、阅览室坐席数、供读者使用的电子阅览室终端数	总流通人次、书刊文献外借册次、组织各类讲座次数、举办展览及培训个数
石丽和秦萍 (2020)	总藏书量、从业人员、阅览室坐席数、公共图书馆总支出	总流通人次、图书外借册数、有效借书证

续表

作者	投入指标	产出指标
孙晓明 （2021）	工作人员、文献资源的年购置费、馆藏总量	借阅服务、浏览服务、活动服务
刘静等 （2019）	图书馆个数、从业人员数量、总藏书量、阅览室坐席数	总流通人次、累计发放有效借书证书、书刊文献外借册次
傅才武和张伟锋 （2017）	从业人员数、财政拨款、实际使用房屋建筑面积、总藏量、供读者使用电子阅览室终端数	总流通人次、书刊文献外借册次、举办活动次数
王惠和赵坚 （2016）	公共图书馆总藏量、机构数量、阅览室坐席数、从业人员	书刊文献外借册次、总流通人次
万莉和程慧平 （2018）	公共图书馆个数、总藏量、阅览室坐席数	总流通人次、书刊文献外借册次
郭军华 （2014）	公共图书馆个数、从业人员数、总藏书量、公用房屋建筑面积、阅览室坐席数	累计发放有效借书证数、总流通人次、书刊文献外借册次

在将公共图书馆服务视为多阶段的研究中，De Witte 和 Geys（2011）认为，公共图书馆服务的提供应划分为服务潜力转化与公众共同参与两个阶段，并设计了包含七项投入产出指标的评价体系。Guccio 等（2018）从公共图书馆图书的保存功能出发，设计了公共图书馆服务效率评价指标体系（见表2-2）。

表 2-2　基于多阶段活动视角的公共图书馆效率投入产出变量统计

作者	研究对象	最初投入	中间产品	最终产出
De Witte 和 Geys （2011）	比利时佛兰德斯市政公共图书馆	经营支出、人员支出、基础设施支出	青年图书藏量、图书藏量、媒介材料藏量、开放时间	—
Guccio 等（2018）	意大利公共图书馆	非人员支出、员工、书架大小、座位	书籍、手稿、期刊和其他收藏、图书资产价值	参观、流通量、图书馆间流通、咨询

从已有的文献来看，学术界对投入产出指标的选择存在较大的差异，这表现在选择的指标数量不同；指标的计算方式不同，有用总数来计算，也有用人均数来表现指标的情况，如李建霞和吴玉鸣（2017）将人均购书费、人均拥有藏书册数以及百分比（如从业人员数占人口比）等作为投入和产出指标。国外学者将总藏书量、员工数、图书馆每周/天开放时间作为主要的投入指标，将总流通量、参考业务量作为主要的产出指标。就同一个指标而言也存在区别，如图书馆工作时间是以周计还是以天计；国内外的指标选择有明显的差别，特别是在公共图书馆领域，在评价其效率时国内外考虑的因素有一定的差异。关于公共图书馆效率投入产出指标的选取，研究者都将全馆员工人数、经费，总藏书量作为投入指标，将服务读者的人数视作产出指标，不同的是，国外学者常把书目流通量和参考咨询的数量作为重要的产出指标之一。由此可见，图书馆评价体系的不完善给图书馆效率评价带来了一定的困难，不同学者选择的投入产出指标不同也会影响其研究成果间的比较和交流。

3. 公共图书馆效率的影响因素

在对公共图书馆服务效率探讨中，其影响因素的研究一直是学者关注的热点问题，总的来说，影响因素的选择存在两种路径：一是基于公共图书馆外部视角，二是从公共图书馆内部角度出发。

（1）基于公共图书馆外部视角。公共图书馆作为公共文化服务的主体，置身于宏观的经济环境，其服务效率不仅受到自身内部因素的影响，也会受到外部环境的影响。相关文献研究表明，政治因素、地区经济发展水平、地区人口规模、受教育程度等外部环境因素是影响公共图书馆效率的重要因素。

第一，人口规模与密度。在人口密度方面，储节旺和储伊力（2015）的研究显示，城镇人口密度与公共图书馆效率没有通过10%的显著性检验且方向为负，表明了城镇人口密度与公共图书馆效率关联性小甚至为负向关系。De Witte 等（2011）认为，人口密度与公共图书馆效率呈正相关关系，也就是说，人口越密集的地区会有更大比例的读者对公共图书馆文化产品的有效供给产生兴趣，并且随着使用公共图书馆服务产品人数的增加，逐渐提高了对公共图书馆使用资源的监督程度，进一步促进了公共图书馆效率。De Witte 和 Geys(2013)发现，佛兰德斯地区的公共图书馆图书流通率与人口集中度和居民教育水平呈现显著正相关，较高水平的图书流通率意味着公共图书馆馆藏资源获得合理利用，自然公共图书馆效率也较高。Boter 等(2005)通过使用 80821 个公共文化机构持卡人对 108 家公共文化机构的访问行为交易数据，发现居民到文化机构的距离会影响公众参与公共文化活动的意愿；Bhatt(2010)也得出了类似结论，认为距离在公众决定是否参与公共图书馆活动中有至关重要的影响，而公众参与程度越高，公共图书馆服务资源出现浪费的可能性就会越低，更有可能推进公共图书馆效率的提升。

在人口规模方面，Worthington(1999)发现公共图书馆效率与地区人口规模呈现负相关关系，即公共图书馆效率随着地区人口规模的增大而变小。Vitaliano(1998)基于 DEA-Tobit 模型分析指出，人口规模显著正向影响公共图书馆效率。Holý(2020)采用传统回归分析得到，人口密度对公共图书馆效率的影响并不显著，而公共图书馆效率随着人口规模的增加而提升，对于人口规模较小的村庄，公共图书馆效率随着与城市距离的扩大而降低。储节旺和储伊力(2015)运用 Tobit 模型指出，人口规模与公共图书馆效率的回归系数在 1% 的水平上显著且为正，说明地区人口数量越多，图书馆读者数量就越多，从而有利于提高公共图书馆的利用效率。刘静等(2019)运用 EViews7.2 软件对模型进行了回归，结果显示地区人口规模与公共图书馆效率呈显著正相关关系，系数估计值为 0.201，地区人口规模越大越有利于图书馆效率的提高。王世伟(2023)指出，公共图书馆服务作为公共服务体系中重要项目，公共服务的提供具有"固定成本高、边际成本低"的特征，人口规模会激发规模经济效应的产生，促进公共财政效率的提高。

第二，图书馆经费来源。Neel 等(2014)探讨了皮尔斯县(华盛顿)图书馆在预算削减情境下，图书馆持续努力提高运营效率，向社区提供高质量服务的可能性。De Witte 等(2011)通过实证研究指出，当公共资金主要来源并不是外部投入，而是公共图书馆自身收入时，公共图书馆效率更高。Hemmeter(2006)认为，地方政府支出与公共图书馆效率正相关，也就是说，公共图书馆运营经费中政府财政拨款所占的比例越大，公共图书馆受

到政府监督的程度越高，图书馆的运营效果就越好。

刘静等(2019)实证研究发现，政府对公共图书馆的重视程度与效率存在正相关关系，但显著性不高，财政拨款在一定程度上促进了公共图书馆效率的提升，但这种效应并不是特别明显。

石丽和秦萍(2020)以人均财政拨款的标准化来衡量公平指数，结果表明公平指数与公共图书馆效率为负相关且通过了1%的显著性水平检验，说明长期存在的公共图书馆公平问题和区域非均等化阻碍了效率的提高，政府在区域间公共图书馆转移支付的宏观调节职能存在缺位。

万莉(2018)研究证实，公共服务财政支出比例与公共图书馆效率的回归系数为0.0181，在1%的水平下显著，表明各地区一般公共服务财政支出占各省财政支出比例每提高1%，公共图书馆利用效率就增长1.81%。

郭军华(2010)发现，财政拨款与公共图书馆效率正相关，但影响并不显著，这表明财政拨款对公共图书馆效率确实起到了一定的正向促进作用，但从全国层面来看，这种效应并不明显。这一结论进一步印证了我国公共图书馆资金利用的低效率，财政拨款并没有有效地改善公共图书馆的效率。究其原因可能有如下两点：一是公共图书馆的服务对象为读者，但读者的需求较难把握，造成资金难以进行有效的资源配置，从而导致财政拨款并没有起到提升公共图书馆效率的作用；二是可能在于有限的资金在进行资源配置时与读者需求严重脱节，如在读者需求较小的地区建大规模的场馆、与书商合谋购置大量积压图书等。

第三，地区教育水平。万莉(2018)运用Tobit随机效应回归模型检验了公共图书馆效率影响因素的显著性水平，结果显示高等教育程度的回归系数为0.0001，在5%的水平上显著，表明扩大高等教育比例有利于提高公共图书馆利用效率，受过高等教育的读者倾向于去公共图书馆查阅文献资料，促使公共图书馆资源得到更有效的利用；文盲率的回归系数为−0.0095，在1%的水平上显著，表明文盲率下降有利于公共图书馆效率增长。

郭军华(2010)认为，人均受教育年限与公共图书馆效率显著正相关，即教育越发达，公共图书馆效率越高。这充分说明公共图书馆的运营与读者受教育程度存在密切联系，受教育程度较高的读者更趋向于走向图书馆去寻求文献资源，从而促使公共图书馆资源得到更有效的利用，进而提升公共图书馆效率。与此类似，陈英和洪源（2015）、van Eijck 和 Bargeman（2004）认为，高教育水平与公共图书馆效率呈正相关关系。

储节旺和储伊力（2015）则表明，各地居民受教育水平虽然方向上与公共图书馆效率一致，但是显著性很低。可以认为，各地居民受教育程度与公共图书馆效率的关联性不大，也就是说，各个文化层次的居民都对图书馆的阅读资源存在需求。公共图书馆与大学图书馆服务对象不同，公共图书馆应当是面向社会大众的，因此公共图书馆应当对当地居民文化结构及需求特点进行调研，根据不同文化水平读者的不同需求准备适合的阅读资源以及配套服务。然而，Yang 和 Zhou（2019）得出了相反的结论，指出居民受教育程度是影响公共图书馆效率的关键因素，但并非积极的影响，而是消极影响。

第四，地区经济发展和居民收入状况。万莉（2018）运用数据包络分析方法 BCC 模型，针对 2008~2011 年我国省域公共图书馆效率进行测度，运用 Tobit 模型发现人均 GDP 的回归系数为 0.1650，在 1% 的水平上显著。经济发达地区更容易吸引人力资源流动，相应地该地区公众的精神文化需求更高，对公共图书馆运营起到有利的导向作用。

张伟锋等（2019）认为，地区经济发展水平和地区居民收入水平是最优的影响因素变量子集，会对公共图书馆效率产生显著的影响。

储节旺和储伊力（2015）的实证结果数据得到，人均可支配收入与公共图书馆效率的关系的回归系数在 5% 的水平上显著且为正，这反映了当地经济越发达，则图书馆效率越高。经济发达地区更容易吸引高层次人力资源，当地居民的知识与精神文化需求更高，这有利于图书馆资源的有效开发与利用。

De Witte 和 Geys（2011）认为，在预算有限的情况下，高收入居民会对地方公共图书馆施加压力，使其最大限度地发挥服务潜力，提高公共图书馆效率。Schulze 等（2000）认为，在经济发展较发达的地区，居民具有较高的收入水平，对文化商品需求和购买意愿更为强烈，从而对公共图书馆效率产生一定程度的影响。Knut 等（2008）指出，儿童与成年人在公共图书馆图书借阅需求方面的决定影响因素存在差异，虽然收入相对重要，成年人的真实影子价格更高，在高收入水平的地区的影子价格也更高，而影子价格对儿童来说相对不重要。

以上大多数研究均证实了经济发展水平与公共图书馆效率存在正相关关系，而郭军华(2010)的部分研究结论与之相悖，认为经济较发达的地区读者往往有更高的需求，该地区的服务资源配置状况与较高的读者需求之间难以匹配，造成了公共图书馆效率较低的局面。另外，公共文化服务整体效率可以在一定程度上反映公共图书馆效率状况，申亮和王玉燕(2017)实证研究显示，GDP 对公共文化服务效率的影响非常微弱。杨林和许敬轩(2013)发现，公共文化服务效率并不呈现突出的东西部聚类效应，经济越发达的地区，其公共文化服务财政支出效率反而越低。

(2)基于公共图书馆内部视角。从公共图书馆内部来看，公共图书馆服务效率的影响因素主要集中在图书馆自身经费配置、人员结构、馆舍面积、组织目标与管理机制等方面。Simon(2016)发现，人事组织方式会对图书馆效率产生影响，在管理人员方面做得好的图书馆往往具有较高的效率得分。公共图书馆服务产品的使用，作为一项重要的产出指标，通过提高公共图书馆使用率可以促进公共图书馆效率的提升，Kim 等(2020)则发现，公共图书馆使用率可能与用户生活模式、用户年龄、电脑和座椅的位置有关。

李少惠和韩慧(2020)的实证分析表明，公共图书馆的活动内容的丰富与活动形式的多样化作用于活动激发力，形成活动管理与活动创新机制；图书馆基础设施的配套与网络技术的运用作用于设施支撑力，形成设备管理与网络运行机制，此六元影响机制通过不断循环推动着公共图书馆效率的提升。肖红(2013)基于委托代理与信息不对称理论，认为委托代理层次、治理机构的完善程度、委托书是否缺位，以及组织目标明晰度等都是影响图书馆效率的重要因素。储节旺和储伊力(2015)的研究表明，公共图书馆的专业技术人才比例、图书馆组织各类活动次数、每万人拥有公共图书馆面积与图书馆效率呈负向关系，新增藏量购置费、专业技术人才数量、参加图书馆组织各类活动次数的人次以及图书馆电子化程度与图书馆效率呈正向关系。石丽和秦萍(2020)利用 2007~2016 年我国省域公共图书馆相关面板数据，基于空间视角实证分析了公共图书馆内部因素与公共图书馆效率的关系，结果显示较高的图书馆购置费和较大的馆舍面积会阻碍公共图书馆效率的提升，公平问题的存在也负向影响公共图书馆效率，而专业技术人才数量与公共图书馆效率水平显著正相关。

4. 简要评述

通过对现有文献的系统梳理，可以发现国内外关于公共图书馆效率的研究成果十分丰富，既包括规范分析也包括诸多的实证研究：从研究对象来看，由单一国家公共图书馆效率测算到多国之间的比较；从评价方法来看，由传统的 DEA 模型到 SBM 等非传统模型；从影响因素来看，内部因素和外部因素均进行了较为全面的实证分析。但现有研究在指标体系、测算方法、收敛性上还有待完善；在研究对象上，从全国层面到省级和地方层面的我国公共图书馆效率测度研究已取得较为丰硕的成果，但由于投入产出变量、地区选择和时间跨度的不同，部分研究结论存在差异。在研究方法上，大多学者采用 SFA 方法与传统的 DEA 模型来测度公共图书馆静态效率。鉴于此，本书拟收集近十年来我国公共图书馆的投入产出数据，综合测度其静态效率和动态效率，以有效揭示影响公共图书馆效率提升的关键环节。

(二)公共图书馆全要素生产率综述

1. 公共图书馆全要素生产率测度研究

刘笑彤(2022)基于 Malmquist 指数模型对 2015~2019 年我国 31 个省份公共图书馆全要素生产率进行了测算与分析，研究发现，各区域公共图书馆效率存在差异，技术进步对整体效率提高起主要作用，技术效率起次要作用。

袁海和周晓唯（2011）基于 2000~2008 年的省际面板数据，采用 Malmquist 生产率指数方法对我国公共图书馆的效率变化进行分析发现：公共图书馆整体效率不高，呈现东高西低的空间分布格局；从效率变化来看，2000~2002 年是公共图书馆效率改进期，主要是由技术进步引发的；2003 年以后公共图书馆效率下降的主要原因是技术效率退步，而纯技术效率变动是技术效率下降的主要因素；从效率变化的地区特征来看，仅东部地区公共图书馆存在效率改进，中西部地区公共图书馆的效率在下降。

　　魏勇和吴江(2018)以县级图书馆为例探讨县域公共文化服务效率演进的过程及内外动因。观察期内我国县级图书馆效率总体处于迂回上升的态势，东部、中部、西部之间县级图书馆效率总体差异较小，但是各个地区内部的非均衡发展态势值得重视。对效率演进的动因分解发现，从内部动因贡献度分解结果上看，技术进步已成为当前我国县级图书馆效率发展最主要的推动力量。

　　王家庭和李海燕(2013)基于 Malmquist 全要素生产率(TFP)指数研究了 2006~2010 年我国 30 个省份图书馆业的 TFP 变化情况，发现：2006~2010 年我国图书馆业 TFP 上升 2.1%，主要来源于技术效率的提升；2006~2007 年及 2009~2010 年图书馆业 TFP 处于上升趋势，而 2007~2008 年及 2008~2009 年图书馆业 TFP 处于下降趋势；我国西部地区图书馆业 TFP 改善幅度最大，东北地区图书馆业 TFP 发展最差；各省份图书馆业 TFP 变化情况差异较大，离散程度较大。总体来看，我国图书馆业还处于发展较为缓慢的初级阶段，技术进步动力欠缺。

　　傅才武和张伟锋(2018)借助 DEA-Malmquist 分析模型，利用 2011~2016 年省域面板数据，对我国公共图书馆全要素生产率进行了实证研究，结果显示：我国公共图书馆全要素生产率逐年增长，主要得益于技术的明显进步；效率的持续下滑导致公共图书馆全要素生产率的增速逐渐放缓；公共图书馆全要素生产率呈现明显的区域差异性，东部最优、中部较优、西部较差。这一结果反映出在当前我国公共图书馆行业中，技术的进步促进了全要素生产率的增长；效率的下降阻碍了全要素生产率的增长；东部、中部、西部地区全要素生产率的差异与国家财政政策不相匹配。

　　Iveta 和 Václav(2019)探讨 2011~2015 年捷克 34 个市级公共图书馆服务效率和全要素生产率，发现捷克市级公共图书馆平均服务效率主要分布于 0.691~0.759，并且 2015 年大部分市级公共图书馆的技术效率和全要素生产率较 2011 年有所下降。Vrabková 和 Friedrich(2019)以捷克和斯洛伐克两国 48 家大型公共图书馆和 44 家小型城市公共图书馆为例，采用 Malmquist 指数及其分解，对城市公共图书馆服务全要素生产率进行了评价，研究结论表明，与 2012 年相比，2016 年大型和小型的公共图书馆服务全要素生产率水平均呈现下降的变化态势，出现该现象的原因主要是技术效率降低造成的，并且与斯洛伐克的图书馆相比，捷克的图书馆全要素生产率指数水平更高。Reichmann 和 Sommersguter-Reichmann（2010）比较分析了 1998~2004 年北美 20 所大学图书馆和欧洲 18 所大学图书馆全要素生产率的变化，实证研究表明，北美大学图书馆的服务效率高于欧洲大学图书馆（尤其是德国和奥地利大学图书馆），且具备通过技术进步进一步提高图书馆全要素生产率的条件，因此北美大学图书馆的全要素生产率高于欧洲国家大学图书馆。

2. 公共图书馆全要素生产率影响因素研究

部分学者对公共图书馆全要素生产率的影响因素展开了研究，如王卫和闫帅（2017）实证研究发现地区生产总值会促进公共图书馆全要素生产率的提升，而较高的地区生产总值通常反映出该地区的经济、技术等方面处于较高水平，能够为公共图书馆服务全要素生产率的增长提供财政与技术支持。

刘笑彤（2022）基于 Malmquist 指数模型对 2015~2019 年我国 31 个省份公共图书馆全要素生产率进行了测算与分析，同时构建了 Tobit 回归模型并对其影响因素进行了实证检验。在内部影响因素中，专业技术人员、图书馆电子化程度及图书馆活跃度均对公共图书馆全要素生产率产生显著的正向影响，新增图书藏量对公共图书馆的全要素生产率也有一定的促进作用，但回归结果不显著；在外部影响因素中，地区整体经济发展水平及居民文化水平与公共图书馆的全要素生产率显著正相关，政府对公共图书馆重视情况的回归结果不显著。

刘静等（2019）利用 DEA-Tobit 回归模型检验了公共图书馆全要素生产率影响因素的显著性，发现政府对公共图书馆的重视程度会促进公共图书馆全要素生产率的增长，地区经济发展水平与全要素生产率存在显著的正相关关系，地区人口规模与居民文化水平会推动公共图书馆全要素生产率的提升，并且图书馆专业技术人才与电子化程度对全要素生产率产生显著的正向影响，而新增图书购置费与馆舍面积并未对公共图书馆全要素生产率产生显著的影响。

3. 简要评述

通过对国内外公共图书馆全要素生产率相关问题研究文献的梳理与归

纳，可以发现学者对此进行了多维视角的研究：第一，在评价指标选取过程中，主要从公共图书馆的投入和产出两个方面选取相关指标，其中大多数学者将从业人员数、财政拨款、馆舍建筑面积、总藏量等作为投入变量，将书刊文献外借册次、总流通人次、举办各种活动数等作为产出变量；第二，关于公共图书馆全要素生产率影响因素的研究较少，并且大多学者主要探讨了地区经济发展水平、地区人口规模等外部环境因素与全要素生产率的相关关系。

综上所述，目前关于公共图书馆全要素生产率相关问题的研究成果还比较少，并未形成统一的分析框架。本书在借鉴已有文献研究成果的基础上，进一步开展了对公共图书馆全要素生产率的测度和其影响因素的深化研究，补充拓展了公共图书馆全要素生产率的研究内容。鉴于此，为了厘清公共图书馆全要素生产率的影响因素及其作用效果，本书从内部和外部两个方面选取公共图书馆全要素生产率的影响因素，并基于 Tobit 回归模型对各影响因素的显著性进行详细分析，这对于揭示全要素生产率提升路径有重要意义。

四、本章小结

首先，本章对本书涉及的相关概念和理论基础进行了简要介绍，对效率和全要素生产率二者的区别与联系进行了阐述，重点讨论了效率理论和数据包络分析模型分析方法。数据包络分析是一种典型的非参数方法，通过线性规划的方法来度量效率，不需要已知生产前沿的具体形式，只需要投入产出数据。DEA 不仅可以处理截面数据，还可以实现对面板数据的处理。对于面板数据，DEA 会分别计算出每个时期的效率值。DEA 的提出为经济体的效率评价提供了有利的分析工具，但更为重要的是它为全要素生产率的测算提供了新的方法。关于非参数框架下多投入多产出情况下全要素生产率的测度，目前经验研究中普遍采用 Malmquist 生产率指数，该方法将在第六章内容中进行详细的介绍。

其次，通过对现有文献的梳理与总结，发现国内针对我国公共图书馆效率和全要素生产率的研究成果尚存在进一步拓展的空间，在研究方法上主要采用传统的 DEA 模型，而超效率 DEA 模型使用相对较少。事实上超效率 DEA 模型对公共图书馆事业发展的把握更加贴近实际，也更加符合公共图书馆的实际运行情况。针对现有研究的不足，本书拟结合传统 DEA 模型和超效率 DEA 模型对我国公共图书馆效率和全要素生产率进行相关研究，采用合适的收敛检验方法研究我国公共图书馆效率的收敛问题，建立合适的计量回归模型分析我国公共图书馆效率和全要素生产率的影响因素，这些研究的开展能够为我国公共图书馆的高质量发展提供一定的实证依据。

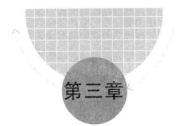

第三章

我国公共图书馆服务的发展历程、现状与创新

改革开放 40 多来年，我国的综合国力得到了显著提升。构建现代公共文化服务体系、保障所有公民的文化权利，成为了国家建设小康社会的战略目标之一。进入 21 世纪以后，国家越来越重视社会公平和谐的发展，民生权利得到越来越多的保障。2015 年中共中央办公厅和国务院办公厅联合印发了《关于加快构建现代公共文化服务体系的意见》，2017 年 3 月 1 日起《中华人民共和国公共文化服务保障法》开始实施，2018 年 1 月 1 日起《中华人民共和国公共图书馆法》开始实施，公共图书馆事业得到长足发展。免费服务、无障碍服务和公平服务成为公共图书馆行业的职业准则；全国公共图书馆数量从 1978 年的 1651 个增加到了 2020 年的 3212 个，新型图书馆在各地不断出现；公共图书馆服务体系建设重心下移到乡镇（街道）和村寨（社区），"百姓书房""城市书吧"遍及城乡、方兴未艾；馆藏文献日益丰富多样，公民阅读环境越来越舒适便捷；各种现代数字技术在图书馆得到大范围普及应用，各种新的文献信息服务手段不断推出，"智慧图书馆"理论和实践开始起步，"24 小时自助图书馆"、"24 小时场馆型自助图书馆（城市书房）"、全自动文献离散系统开始出现；阅读推广服务丰富多彩。

图书馆的社会地位正在不断提升。2019 年 9 月，在国家图书馆建馆 110 周年前夕，中共中央总书记、国家主席、中央军委主席习近平给国家图书馆老专家回信，指出图书馆事业在国家发展特别是文化发展中的突出重要地位和重要作用，明确强调"图书馆是国家文化发展水平的重要标志，是滋养民族心灵、培育文化自信的重要场所"，对图书馆事业提出"坚持正确政治方向，弘扬优秀传统文化，创新服务方式，推动全民阅读，更好满足人民精神文化需求，为建设社会主义文化强国再立新功"的殷切期望，为公共图书馆在新时代继续推进图书馆事业、服务国家发展大局，为公众终身学习指明了前进方向，提供了根本遵循。

一、公共图书馆功能、定位与特征

进入 21 世纪以来，图书馆事业再次进入高速发展的阶段，伴随着社会对公共图书馆需求的更新与拓展，政府对文化事业的重视并加大投入的力度，各类型图书馆纷纷进行旧馆改造和新馆建设，一批现代化、大规模的公共图书馆拔地而起。雷春蓉和颜静远（2017）指出，印度图书馆之父阮冈纳赞曾说，图书馆是一个成长中的事物，它的职能也将随着社会的进步而变化和发展。每当一种新的文化形态出现的时候，公共图书馆作为文化事业的重要组成部分，就会面临着一种新的文化境遇，从当初的藏书阁到现代的社会文化中心，公共图书馆的功能与定位也不断拓展与延伸。

（一）公共图书馆传统功能

公共图书馆作为公共文化服务组织和准公共产品，基本功能就是提供文化服务和知识产品，能够实现引领正确的价值观。

1. 保存人类文化遗产

图书馆的产生是保存人类文化遗产的需要。因为公共图书馆的存在，人类的社会实践所取得的经验、文化、知识才得以系统地保存并流传下来，成为今天人类宝贵的文化遗产和精神财富。在现代科技文明的世界里，我们更加需要对文献信息进行保存、对人类文明进行传递。公共图书馆作为信息交流、处理和存储的中心，必须具备传承文化信息和保存文献信息的功能。

2. 开展社会教育

公共图书馆作为社会教育系统中的一个子系统，自出现以来就一直承担着育人、兴国、弘扬传统文化的作用。公共图书馆作为社会教育的一部分，通过文化展览、免费培训、公益讲座等多样的文化活动形式为读者提

供学习空间和营造阅读氛围，并在潜移默化中达到了社会教育的目的。

3. 成为代表城市文化名片

阅读以致远，书香以修身。一座图书馆就是城市的名片。具有现代建筑审美风格的各大城市公共图书馆逐渐成为城市文化发展的代表，不仅融入了人们的日常生活，而且具备了城市文化风貌的功能。读者们在公共图书馆内展现出积极的学习状态，体现了该城市居民向上的精神面貌。

4. 传播科技文化

在经济全球化和社会发展的需求中，信息技术被广泛应用。图书馆从采访、藏书补充、藏书建设、文献资料编目、文献资料流通阅览、信息检索，发展到信息资源建设。从 20 世纪 80 年代开始，由于网络技术和数字技术的广泛应用，传统的文献资源实现了信息数字化管理和建设。所以，在信息化、数字化快速发展的今天，公共图书馆作为一个城市的信息交流中心而存在着。在网络建设的基础上，现代公共图书馆由传统模式转变为电子图书馆、虚拟图书馆、数字图书馆、网络图书馆等形式，现代公共图书馆也逐渐实施了信息资源的开发、利用和共享的工作活动，发挥了传播科技文化的功能。

5. 开创公共文化空间

目前，我国的公共图书馆基本实现了免费开放，并逐步提高了软件设备和硬件设施的建设水平，完善了各种各样的图书馆功能。在保留基本的借阅功能的基础上，越来越多的城市公共图书馆创设了优美舒适的阅览环境，开设了个性化的功能区域，扩充了数据资源存储，增加了多种多样的文化创新产品和活动场所。作为公共文化空间的典型代表，公共图书馆为广大读者丰富日常学习生活和休闲娱乐活动提供了公益平台。

6. 创新的咨询服务

自图书馆学成立以来，图书馆的基本属性就是藏书机构。公共图书馆是一个供广大读者借阅图书和查询参考资料的重要公益平台。考虑到服务时间与一般城市居民的工作时间有冲突，大部分的居民无法在服务时间享受到图书馆的服务，所以随着互联网的发展和智能移动终端的普及，越来越多的读者从传统纸质阅读转变为碎片化的电子阅读，公共图书馆也逐渐开发出了咨询服务的新功能。当遇到文献信息查询和获取等方面的问题时，人们不通过图书馆内的自主服务机器解决，可以利用公共图书馆专属手机应用软件界面等平台即时咨询服务人员。

（二）公共图书馆功能新定位

随着我国经济社会快速发展，信息技术日新月异，不断催生出新的社会需求和生活方式，图书馆只有努力创新、积极探索，才能满足人民群众高品位、高质量文化的需求。公共图书馆作为公民生活中的"第三空间"，需要有效地发挥图书馆信息共享空间、学习空间、文化交流空间的作用，为公民提供平等享有文化的权利，轻松享受阅读，体验休闲文化，提高生活质量，以改变图书馆惯有的严肃、安静、死板形象，突破资源条件的限制，让活力、人气型的图书馆走入公众视野，有效地营造良好社会文化氛围。

1. 文化交流空间

文化交流空间旨在以图书馆的"用户"为中心，公众可以分享看法与观点，进行问题咨询和话题讨论，形成稳定的图书馆社区。公共图书馆提供资源共享和共同学习的空间以及良好的文化氛围的平台，吸引具有相同兴趣、追求精神层面需求的公民在此会聚，图书馆通过搭建交流平台，为广大公众之间的交流和讨论提供了便利。公共图书馆所构建的文化交流空间具有以下特点：

（1）交流手段。图书馆除了给予公众可以面对面交流的物理空间，还需要提供新的网络技术为用户提供网上交流。允许用户建立自己感兴趣的资源库，提供资源订阅服务，让公众参与到图书馆服务管理中，且可以对各种类型的资源及服务内容进行评价。图书馆主页设置主题版面，建立网络论坛，方便读者与读者、读者与馆员之间进行自由交流，彼此分享快乐、体会与经验。图书馆馆员通过自己微博、博客等，构建虚拟咨询平台，随时随地接受用户提问、用户的反馈意见和信息。

（2）交流内容。以公众需求为核心，定期向公众征集主题，保证主题的针对性和实用性，主题包含用户关注的阅读技巧、作品研讨、图书内容、热点问题等，同时允许小组间的动态交流，主题根据公众需求而定。

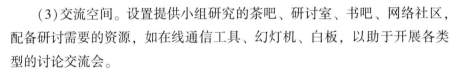

（3）交流空间。设置提供小组研究的茶吧、研讨室、书吧、网络社区，配备研讨需要的资源，如在线通信工具、幻灯机、白板，以助于开展各类型的讨论交流会。

2. 学习空间

学习空间支持公民的研究、写作、学习活动，提供课堂教学、小组协作空间、个人学习空间等，帮助公民改善学习方法、深化学习内容和提升学习能力。公共图书馆宽敞的空间、丰富的阅读资料为公民提供再教育的机会，公众通过协作学习、远程学习、课程学习和自学等方式丰富自身的知识体系，以适应未来社会发展需要。公共图书馆所构建的学习空间具有以下特点：

（1）学习方式。按学科进行分类组织，筛选用户感兴趣的资源，充分利用网络公开课程资源，帮助公众方便获取所需要的学习资源。开展各类型的讲座，允许公民投票选择感兴趣的话题，邀请公众个体、企业、部门成为讲座的主要筹办听众、主持人和组织者；采用多样的授课方式，通过建立网络课程、电子教室、自习室等学习场所，满足不同层次的公众需求。

（2）课程内容。开设不同层次的课程，如新技术推广类课程（摄影技术、信息资源利用、多媒体技术等）、技能培训类课程（写作、管理、服装设计、装潢与装饰、厨艺等）、知识普及类课程（基本的科学文化知识、饮食与健康、旅游与地理、医学常识、传统文化与历史知识、法律知识等）等吸引了社会各行业的专家学者，积极参与课程的设计与讲授。

3. 信息共享空间

信息共享空间是允许任何人都可以最大限度地利用和存取的社会公共设施，在一定程度上能够促进社会多样化发展、公民参与意识的提升以及信息的自由流动，构建一个点对点、扁平化、免费、公开的服务网络环境，鼓励人们在民主的氛围中实践、思考、学习和讨论。公共图书馆作为信息资源的集散地，资源非常丰富，为公民提供了各种类型的资源获取途径，帮助用户解决工作、学习和生活中的困惑。公众通过参观、咨询、索取、查找、阅读、浏览等行为获得所需信息。公共图书馆构建的信息共享空间具有以下特点：

（1）服务。提高专题类信息服务力，围绕大家所关注的民生热点问题，如经济适用房、低保、就业、新交通规则等，建立公众信息服务平台，满足特定类型的用户需求，帮助民众及时追踪最新信息。提高对弱势群体如妇女儿童、残疾人的服务水平，增加额外的服务内容和设施，公众阅读空间保持良好的通风，提供舒适和安静的环境。通过放电影、布置展览、开展活动等方式加强影像、视听类资源的服务，接受公众的各种咨询，及时以建设性方式作出回复。允许公众充分利用服务实施，平等享有并免费接受图书馆服务，承担起全民信息素养教育的职责，帮助用户学会熟练使用各种信息检索工具，以提高公民的信息素养水平。

（2）资源。与企事业单位、政府机构合作，将关系民生的旅游文化历史类、生活服务与指南、关系民生的政策法律等信息及时收集存档。扩充丰富图书馆内部已有的信息资源数量，借助网络平台广泛收集各类型的公开存取资源，如国家数字文化网提供类型文化资源、各大高校所建设的公开课程、中国教育图书进出口公司打造的 Socolar 检索服务平台、国外知名开放存取期刊数据库 DOAJ，同时保证用户所获取的信息资源易于阅读使用、便于检索、具有权威性和准确性等特征。

（三）公共图书馆基本特征

作为由政府主导，面向全社会公众开展服务的组织机构，公共图书馆要满足人民群众的不同阅读需求，并在发展过程中保持公平、不断创新，以达到服务最优化、惠民效果最大化。因此，从公共文化服务的要求分析，公共图书馆具备以下六个特征：

1. 公共特征

所有公民都是公共图书馆需要服务的人群。作为面向所有公众提供阅读服务的政府主导机构，公共图书馆对服务对象没有职业、收入、年龄等方面的特定要求，应坚持普遍性和均等性的原则提供有效服务。这一特征符合国际图书馆协会联合会定义的图书馆基本精神与服务要求。

2. 公益特征

目前，所有的公共图书馆都不是营利性的组织机构，所提供的服务都属于公益性质的。公共图书馆是为了满足人民群众的普遍公共需求而提供

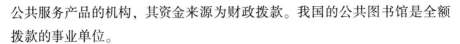

公共服务产品的机构，其资金来源为财政拨款。我国的公共图书馆是全额拨款的事业单位。

3. 均等特征

2018 年开始实施的《中华人民共和国公共图书馆法》明确了公共图书馆为全社会提供公共文化服务产品时必须遵循公平、开放和共享的原则，以保障该地区内所有公民都能够就近获得所需的知识文化资源。这样的公共文化服务是免费或低费用的，同时关注社会各类群体，使其共享多种社会文化产品和创新成果，由此表现出的特征就是均等性。顾名思义，均等意味着公共图书馆的服务是公众平等的，能够保障全社会公众的文化权益是平等的，可以实现公众文化水平的不断提升。

4. 开放特征

《中华人民共和国公共图书馆法》中明确了公共图书馆是公共文化服务体系的主要分支，应该为全体公众提供免费的、统一的、无差别的公共服务产品。其中在保障所有服务对象的基本阅读权益的同时，也体现了其开放和包容的特质。公共图书馆的开放特征主要体现在公共图书馆的建筑物、服务的对象、开展服务的时间、读者获取服务的方式以及网络化的服务权限等方面。

5. 创新特征

我国传统文化经过了世世代代的积淀和流传，延续了5000 年后逐渐形成了中华民族特有的一种思考方式和思维逻辑，寓意丰富。在提升公民的文化素质水平的过程中，应保留传统文化的核心和精华，也要坚持与时俱进、不断开辟创新。公共图书馆具有发扬传统文化的社会功能，应结合自身和发展需求，创新建立健全优质的传统文化传承体系，开展多样化的传统文化服务，丰富公共服务产品的多样性。

6. 共享特征

公共图书馆是为了实现全民对公共文化产品全面、平等的需求面向全社会提供知识、信息和文化等各种资源。基于经济学研究理论，公共图书馆提供的服务产品是一种公共物品，具有获取的非竞争性和既得效益的排他性。公共文化服务产品是不会因为一部分人得到并使用了而影响其他人的获取和使用。这部分被消费和使用的公共文化服务产品产生的利益也不是专有的，不具有排斥性，是所有人都能够享受得到的。由此可见，公共图书馆是能够被全社会公民共享的准公共产品。

二、我国公共图书馆服务发展历程

我国公共图书馆服务发展历程与政策发布和经济制度变化密切相关。经济体制由计划型向市场型转化，推动了经济高速发展；政府的财政投入稳步增加，为公共图书馆事业建设提供了充足的经费保障。以规范、条例、意见等形式的政策出台，为公共图书馆创新转型指明方向。2021年3月，《中华人民共和国国民经济和社会发展第十四个五年规划和2035年远景目标纲要》明确提出，要推进公共图书馆等公共文化场馆免费开放和数字化发展；深入推进全民阅读，建设"书香中国"；积极发展智慧图书馆等。而后陆续发布的《"十四五"文化和旅游发展规划》《"十四五"公共文化服务体系建设规划》也都进一步明确了公共图书馆事业未来的发展重点。

（一）公共图书馆服务起步发展阶段（1949～1977年）

中华人民共和国成立初期，全国各种类型的图书馆只有55个。随着时代的发展，国民素质的提高，我国政府开始重视公共图书馆的建设。1955年，文化部颁布了《关于加强与改进公共图书馆工作》的指示，奠定了公共图书馆设施建设的基础。1976年后，我国公共图书馆事业迅速复苏，图书藏量大幅度增加，各项制度规范相继出台。在计划经济体制下，确立了"分级管理、统一领导、统收统支、高度集中"的财政体制，为公共事业稳定发展发挥了重要作用。所有文化站、图书馆、档案馆等从业人员都是集体所有制或全民所有制事业单位的职工，其活动经费和工资主要来源于国家财政拨款，所以，这一阶段公共图书馆服务经费来源于单一的政府财政供给。

（二）公共图书馆服务复兴阶段（1978～2005年）

1978年，党的十一届三中全会全面召开，公共图书馆事业建设迈上新台阶。我国政府的重要价值取向转变为追求经济发展和效率。伴随着计划经济逐步转变为市场经济，政府不断加大了对公共图书馆建设与发展的资金投入，其中财政拨款从1979年的0.504亿元增加至2005年的27.785亿元，公共图书馆机构数由1651个增加为2762个[①]，此时公共图书馆的服务网络也初步建成。但是，公共图书馆服务设施和藏书的借阅率却不是很高，为此不少省级公共图书馆开始采取了一系列的措施进行整改，通过优化藏书布局、扩大书刊开架范围等途径来提升藏书的借阅率。为了进一步掌握公共图书馆的运行情况，加强公共图书馆事业管理，我国政府开始关注公共图书馆效率评价工作。1994年和1995年，文化部相继颁发了《关于开展县以上公共图书馆评估定级工作的通知》《关于在县以上公共系统少年儿童图书馆进行评估、定级工作的通知》。1999年发布了《图书馆建筑设计规范》（JGJ 38—99），该规范反映出我国政府重视公共图书馆的基础设施建设。

在此阶段中，儿童图书馆的建设工作也被提上日程，1981年文化部组织了"全国少年儿童图书馆工作座谈会"，明确指出少年儿童图书馆也是公共图书馆事业的重要组成部分，建设少年儿童图书馆是促进儿童健康成长的关键举措，有益于培养儿童阅读兴趣。而当前的我国少年儿童图书馆事业，由于小学图书馆（室）、儿童阅览室、儿童图书馆的严重匮乏，无法充分满足广大少年儿童对知识需求的渴望，因此，亟待加快儿童图书馆事业的规划与建设。1982年，文化部颁布了《关于省（自治区、市）图书馆工作条例》，该条例是中华人民共和国成立以来最早出台的公共图书馆服务政策。此外，2003年教育部发布了《中小学图书馆（室）规程》，为中小学图书馆（室）的进一步建设与发展提供了基本框架。

（三）公共图书馆事业快速发展阶段（2006年至今）

2006年，在《国家"十一五"时期文化发展规划纲要》中将"公共文化服务"专门进行了详细阐述，显示出政府对公共文化服务的重视。其中，该规划明确指出公共图书馆的网络布局需要进一步完善，不断巩固现有的公共图书馆建设。2007年发布的《关于加强公共文化服务体系建设的若干意

---

① 数据来源：《中国文化文物统计年鉴》。

见》，对公共文化服务体系建设作出全面部署。2010年，《关于进一步加强少年儿童图书馆建设工作的意见》的出台，提出了扩大宣传、加强专业人才培养，发挥教育职能，丰富文献信息资源、推进公共电子阅览室建设等多项具体措施，为儿童图书馆事业的发展指明了方向。

迈入"十二五"时期，我国公共图书馆事业得到了全面发展，除了公共图书馆的传统业务不断拓展，数字图书馆建设也逐渐起步。程焕文（2023）阐述了图书馆服务资源、服务效能、服务宣传、服务监督与反馈等内容，该规范适用于县（市）级以上公共图书馆，街道、乡镇级公共图书馆以及社区、乡村和社会力量办的各类公共图书馆基层服务点可参照执行，是公共图书馆评估和管理的重要依据，保障了公共图书馆工作的有序开展。互联网的快速普及、信息技术的发展，都激发了社会公众对数字图书馆文化资源的需求，根据《文化部 财政部关于实施"数字图书馆推广工程"的通知》和《"数字图书馆推广工程"建设方案》文件，要求在2012年前完成"数字图书馆推广工程"基础构建任务，并初步建成数字图书馆虚拟网，以期满足社会大众多元化的精神文化需求，更好地指导市级、省级公共图书馆的数字图书馆建设工作。

2013年，文化部印发了《全国公共图书馆事业发展"十二五"规划》，明确了公共图书馆发展的总体思路与重要任务。"十三五"时期，坚持以中国特色社会主义理论为指导，深入贯彻落实科学发展观，以建设社会主义核心价值体系为根本任务，以丰富人民精神文化生活、保障人民群众基本文化权益、满足人民群众基本文化需求为出发点和落脚点，按照体现公益性、基本性、均等性、便利性的要求，坚持政府主导，依循"保基本、强基层、建机制、重实效"的基本思路，持续完善公共图书馆服务网络设施建设，并不断重视对读者权利的保障。2016年出台的《社区图书馆服务规范》成为社区图书馆建设与发展的行业标准，基于社区图书馆的建设，公共图书馆的服务网络得到了更快的发展。2017年，为推动"十三五"时期公共图书馆事业科学发展，加快构建现代公共文化服务体系，更好地保障人民群众基本文化权益，文化部印发了《"十三五"时期全国公共图书馆事业发展规划》，这是我国第一部国家公共图书馆事业发展的总体性规划，进一步推进全民阅读，坚定文化自信，提高全民族科学文化素质和社会文明程度，增强人民群众对公共文化服务的获得感。为了保障读者权利，我国政府出台了《中华人民共和国公共图书馆法》，这也标志着我国公共图书馆服务立法工作在新时期有了重大突破。

我国已经踏上"十四五"时期新的奋斗征程，正是公共图书馆落实城市阅读战略、加快建设公共文化服务体系的关键阶段，而省级公共图书馆又处于公共图书馆体系中承上启下的关键地位，肩负指导、引领"十四五"时期公共图书馆事业发展及公共图书馆服务体系建设的职能。对"十四五"时期的社会环境和国家政策展开分析，是探索"十四五"时期公共图书馆事业创新服务战略的必要前提，也是把握公共图书馆全要素生产率和效率的提升关键的重要环节。为了有效、合理地梳理出和图书馆相关的宏观趋势，在调研中收集、汇总并梳理了各级政府或相关部门机构针对图书馆事业的相关政策(见附录 A)。

三、我国公共图书馆服务发展现状

公共图书馆是最具代表性的公共文化服务机构之一。从公共图书馆事业发展逻辑来看，当前推动我国公共图书馆事业发展的三大支柱分别是需求、创新、投入，与之相对应的是三个主体(公众、行业、政府)和三项核心使命(导向、创新、保障)。据此，本节以系统化为分析视角，公共图书馆服务发展现状可从公共图书馆机构设置、财政投入与人员保障、服务运营状况、服务效果四个维度进行考察。

(一) 机构设置

公共图书馆机构设置作为服务提供的组织基础，是管理各类图书、组织文化活动、宣传文化思想、创造文化知识、提升公众文化素养等方面的重要阵地。《国家"十一五"时期文化发展规划纲要》明确提出加大公共文化服务设施建设，该纲要为进一步规范公共图书馆机构建设提供了重要的政策支撑。2011 年开始，我国公共图书馆数量明显增加。由图 3-1 可以发现，公共图书馆机构数从 2006 年的 2778 个逐步增长到 2020 年的 3212 个，并呈现持续增长的态势。

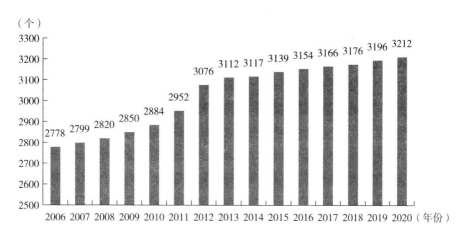

图 3-1　2006~2020 年我国公共图书馆机构数

资料来源：历年《中国文化文物统计年鉴》。

(二)财政投入与人员保障

财政投入主要是指政府公共财政投入到公共图书馆事业建设过程中的资金，体现政府从资金方面对公共图书馆事业发展的支持力度。公共图书馆服务是为满足公众的文化精神需求所提供的准公共物品，因此需要政府长期、稳定的公共财政资金投入。公共图书馆从业人员在公共图书馆服务产品的生成与供给过程中发挥着重要作用，并承担着反馈读者需求、活动宣传、文化思想传达，以及核心价值体系构建等社会职能。

2006~2020 年我国公共图书馆财政拨款情况如图 3-2 所示，可以看出我国政府对公共图书馆的财政拨款表现出稳定增长，财政拨款从 2006 年的31.95 亿元逐步增长到 2020 年的 182.13 亿元。具体来看，2006~2010 年增长较为缓慢；2010~2015 年，财政拨款持续投入，2015 年政府对公共图书馆财政拨款已高达 127.04 亿元；2015~2017 年，财政拨款增长较快，且增速迅猛，如果以 2015 年数据为基期，2020 年均增长率高达 8.7%，这一变化可能与《关于加快构建现代公共文化服务体系的意见》的正式发布有关，公共图书馆服务作为现代公共图书馆服务体系重要部分，该意见为我国公共图书馆事业的发展带来了新的契机。

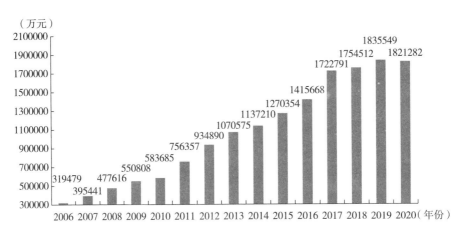

图 3-2　2006~2020 年我国公共图书馆财政拨款

资料来源：历年《中国文化文物统计年鉴》。

在人员投入方面，我国公共图书馆服务从业人员总体呈现上升的趋势，2020 年公共图书馆从业人员高达 57980 人，与 2006 年相比增长了6669 人。具体来看，2006~2008 年，公共图书馆从业人员投入增幅较小，增幅在 350 人左右；2008~2013 年，人员投入量增长迅速，2013 年达到阶段极大值；2014~2020 年，我国公共图书馆服务从业人员平稳增长（见图 3-3）。

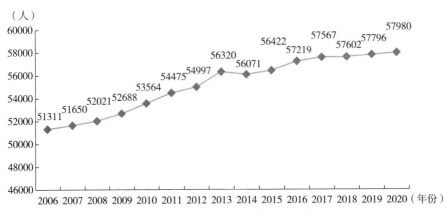

图 3-3　2006~2020 年我国公共图书馆从业人员

资料来源：历年《中国文化文物统计年鉴》。

（三）服务运营状况

在 2006 年及以前，《中国文化文物统计年鉴》中为读者举办各种活动作为统计指标，以反映公共图书馆服务活动举办情况。而 2007 年至今为读者举办各种活动分为三个维度来统计，分别为组织各类讲座次数、举办展览、举办培训班。

从讲座次数来看，2011～2019 年我国公共图书馆组织各类讲座次数的增长趋势明显，从 2011 年的 35175 次增加至 2019 年的 85955 次，增长幅度为 50780 次，从增长速度来看，除了 2011～2012 年我国公共图书馆组织各类讲座次数的增长速度最快，截至 2019 年，增长速度比较平稳，受新冠疫情的影响，2020 年各类讲座次数下降至 61660 次，与 2015 年的数值相差无几（见图 3-4）。

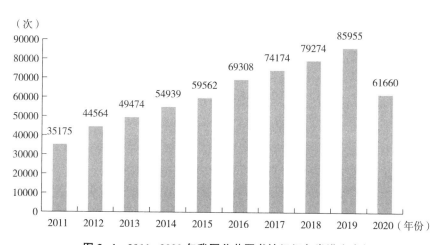

图 3-4　2011～2020 年我国公共图书馆组织各类讲座次数

资料来源：历年《中国文化文物统计年鉴》。

从展览次数来看，2011～2020 年我国公共图书馆举办展览次数平稳增加，其中除了 2015～2016 年增长速度最快，其他年际间的变化幅度不大。从举办培训班来看，2011～2019 年我国公共图书馆举办培训班个数逐步上升，其中 2017～2018 年的涨幅最大，约为 30%，高于同期的公共图书馆组织的展览数和讲座数的涨幅，这表明我国公共图书馆事业在 2019 年之前的发展都较为平稳(见图 3-5)。

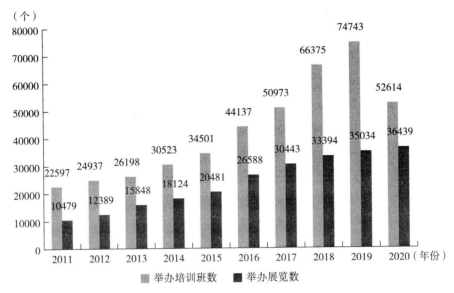

图 3-5　2011~2020 年我国公共图书馆举办展览数和举办培训班数量

资料来源：历年《中国文化文物统计年鉴》。

(四)服务效果

一般而言，公共图书馆服务效果可以通过读者参与情况与满意度来反映，但由于无法有效全面获得关于读者对公共图书馆服务满意度的相关数据，因而仅选用读者参与情况来反映公共图书馆的服务效果，并且参与情况主要用活动项目参与人次(公共图书馆参加讲座人次、参加展览人次和培训人次的总和)和总流通人次来衡量。2011~2020 年，我国公共图书馆活动参与人次和总流通人次如图 3-6 所示，可以看出我国公共图书馆的服务效果越来越好。2019 年，总流通人次高达 90135 万人次，活动参与人次高达 11786 万人次，这也进一步反映出在我国财政投入持续增加的情况下，公共图书馆服务效果得到了不断改善，读者的参与度越来越高。

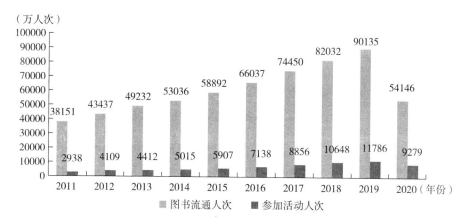

图 3-6　**2011~2020 年我国公共图书馆总流通人次和参加活动人次**
资料来源：历年《中国文化文物统计年鉴》。

四、我国公共图书馆服务创新的机遇、挑战和问题

党的十九大报告提出"夺取新时代中国特色社会主义伟大胜利"。为了满足人民群众日益增长的精神文化需求，国家政府部门高度重视公共文化事业，党的十九届四中全会全面部署了推进国家治理能力现代化和治理体系的各项工作，强调要健全人民文化权益保障制度，完善城乡公众文化服务体系。在现代公共文化服务体系中，公共图书馆是重要的支撑力量，而在新时代，公共图书馆要持续发挥其支撑作用，则表现重视服务效率和创新发展这两个关键议题。服务创新则是影响我国公共图书馆效率和全要素生产率的关键词，但囿于实证研究所需的代理指标数据难以获取，本书认为有必要在此章节中简要地对公共图书馆服务创新进行定性分析。

（一）公共图书馆服务创新发展的机遇

1. 图书馆国际化

随着中外交流日益增多，国际图书馆事业与我国公共图书馆发展开始交流融合，在推动全球图书馆事业发展的同时也反哺本土，不断汲取外来经验改善服务条件、丰富资源内容以及加强自身建设。王世伟（2020）指出

改革开放以来，广州图书馆、杭州图书馆、浙江图书馆、首都图书馆、上海图书馆、国家图书馆等公共图书馆先后举办了"颇具规模的学术论坛与国际会议以及颇具影响力的各类文化主题展览"。全球化有利于我国公共图书馆学习和吸收世界各地优秀文化成果，促进图书馆的业务创新，进一步提升服务质量和效率。

2. 经济发展

从需求端来看，经济水平的提升带来旺盛的文化需求[①]。《2019 上半年全国文化消费数据报告》显示，文化消费成为国民消费升级的重要标志，文化消费作为满足人们对美好生活的向往、丰富游客深度体验的重要途径，持续为旅游经济健康发展提供新的动能。人民群众对文化有巨大需求，呼吁图书馆创新方式，提升服务效能。

从供给端来说，经济社会发展带来了文化领域的繁荣。为了改善公共文化发展不平衡不充分的现状，满足人民日益增长的美好生活需要，当经济发展到一定程度时，通过加强对公共文化服务体系建设的投入可能会成为国家的一个重要选择。据此，本书在接下来的实证分析研究中将引入该环境因素考察对公共图书馆效率与全要素生产率的影响效果。

3. 技术驱动

技术变革为图书馆服务方式和内容提供了有力支撑。人工智能、云计算、大数据等技术为公共图书馆事业发展开拓了新的局面。例如在大数据的支持下，公共图书馆可以对用户数据进行挖掘，根据用户需求和倾向为用户提供更加个性化、智能化的服务，以助推智慧图书馆的建设，进一步提升服务水平。而对基于以上技术的云图书馆技术的研究，有利于推动数字图书馆总分馆体系的建设，加快促进各级图书馆资源共享和服务高效化、均等化。移动技术的发展推动了图书馆方式的创新，促进了图书馆移动终端服务平台如图书馆移动 App、官方微信公众平台等的建设，适应了用户碎片化、移动化的特点，对公共图书馆效率无疑产生了一定的影响。

4. 政策扶持

图书馆服务创新的政策环境受到国家、行业两类创新政策的影响，宏

---

① 资料来源：根据旅游部信息发布。

观政策环境为当前和未来一段时期图书馆事业的服务创新奠定了基础。"十三五"时期，国家大力鼓励创新，为公共图书馆事业创新发展提供了优质的政策环境。一方面，地方上出台了许多有利于创新的政策文件，如《台州市文化馆总分馆制实施意见》《南充市"十三五"文化发展规划》《来宾数字经济社会发展三年行动计划（2018—2020 年）》等都是从当地图书馆建设实际情况出发，提出了促进公共图书馆体制机制和方式、服务内容等多方面创新的条款，为图书馆服务创新工作开展有章可循。另一方面，图书馆服务创新也得到了国家政府的支持，如中共中央办公厅、国务院办公厅印发的《国家"十三五"时期文化发展改革规划纲要》鼓励推进文化体制创新、深化文化事业单位改革。

近年来，我国对创新理念的高度重视，促使创新成为了一种社会共识，使创新意识不仅深入图书馆业务的方方面面，而且也让图书馆更容易实现跨域合作、激活社会资源。各地都十分重视公共图书馆事业的创新发展，这在东部、中部和西部省份出台的文件中均有提及。如《宝鸡市基层综合性文化服务中心建设实施方案》提到："推动数字文化资源向基层延伸，提供数字图书馆、数字文化馆和数字博物馆等文化服务"；《温州市创建国家公共文化服务体系示范区规划（2018—2020 年）》提出结合科技创新以推进公共文化数字化和公共文化机构数字化建设。

（二）我国公共图书馆服务创新的挑战

1. 图书馆人才队伍专业性欠缺

创新的根本在于人才，然而当前公共图书馆行业的人才队伍在专业性方面存在明显不足，创新能力和创新意识受到限制。尤其在中小型公共图书馆中，图书馆人才队伍亟待提升专业化素养。究其原因，与图书馆学教育的衰退、图书馆对人才培养的重视不足等有关。正如程焕文和程诗瑶（2021）研究指出图书馆学专业人才培养滞后于国家文化事业发展，粗略统计，我国每年培养的图书馆学本科生和硕士生人数大约为 2200 人，同时考虑到不少图书馆学毕业生热衷于公司企业、学术机构、事业单位和政府部门，就业去向并非全是各类图书馆，相对我国现有的高校图书馆和县级以上公共图书馆，这种图书馆学专业人才的培养数量远远不能满足图书馆事业的发展需求。

2. 快速变化和分化的用户需求

随着经济社会的快速发展，人民群众的需求也在不断发生变化，这深刻地影响着图书馆服务创新的方向。第十六次全国国民阅读调查显示，超过半数成年人倾向于数字化阅读方式，喜欢纸质阅读的读者比例下降，而倾向于手机阅读的读者比例上升明显。我国成年人和未成年人使用有声阅读持续快速增长，成为国民阅读新的增长点，移动有声 App 平台已经成为听书的主流选择。与此同时我国成年人在网上活动行为中，以阅读新闻、社交和观看视频为主，娱乐化和碎片化特征明显，深度图书阅读行为占比较低。尽管图书馆一直重视数字化建设，但从用户角度来讲，还没有完全养成利用图书馆进行数字阅读的习惯，图书馆是纸质时代的产品的旧观念依旧深入人心。

面对不断变化的用户需求带来的挑战，图书馆服务创新要平衡传统纸质化阅读和数字化阅读之间的矛盾，同时还要应对互联网环境下用户需求日益碎片化、娱乐化的问题，提供大众喜闻乐见的优质服务，更好地满足人民群众的精神需求。

3. 经济增长和社会发展的压力

我国经济已经高速发展了40多年，而近年来，我国的经济增速开始逐年放缓，我国经济运行要按照中央部署推动以创新驱动的发展，实现经济健康平稳地发展。"十三五"时期图书馆事业发展是补足硬件的时期，以量为主，投入加大，当还未能够真正全面满足各层次、各地区需要。如果经济遭遇一定的压力，公共图书馆事业投入经费可能会受到不小的冲击。在投入相对不足的情境下，创新驱动发展更显重要性，这就要求图书馆的发展不再是"粗放式"，而是需要转向相对"高效率"的做法，从"高速度增长"转变为"高质量增长"。

(三)我国公共图书馆服务创新的问题剖析

1. 对创新技术的回应和应用不足

改革开放以来，公共图书馆长期关注技术创新，并因此取得了突破性的发展，但随着技术环境的更新变化，近年来，公共图书馆对新技术体系的应用和回应明显有下降的趋势，其根源在于当下公共图书馆逐渐失去信息技术的主动权，相应的财力、人力缺乏不足以推动技术创新。

由于失去信息技术的主动权，公共图书馆只能采用"引入"的方式实现创新技术的应用。一方面，公共图书馆对新趋势和新需求的反应速度明显迟缓，无法及时使用技术手段满足用户需要。另一方面，现代信息技术日新月异，公共图书馆从决定引入某种新技术到该技术应用于用户服务的过程经历了项目决策、项目策划、项目招标、投入建设、应有测试、推广应用等数个环节，这个过程少则三五个月，多则达一年以上，新服务技术应用方面的周期给公共图书馆服务创新带来了不少挑战。在这样的背景下，公共图书馆有必要通过特定手段加强创新技术的应用能力、加快应用速度，提升应变和服务能力。

2. 服务机制和体制的创新广度和深度不足

服务机制和体制是公共图书馆事业发展的基础支撑，服务机制和体制的创新在服务创新中是最为重要的，但有研究表明我国公共图书馆在服务机制和体制的创新稍显不足。2016年以来，我国公共图书馆领域的服务体制和机制创新主要体现在社会力量参与和总分馆体制建设两个方面，联合社会力量建设主题分馆、特色分馆的建设实践有较大成效。然而，图书馆在文旅融合发展、基层服务延伸、法人治理制度改革等方面略显不足。在文旅融合方面，公共图书馆分馆建设以及活动举办的文旅融合程度不高，地区特色旅游景点、景区的文化价值挖掘不足。由此可知，我国公共图书馆在服务机制和体制方面仍然有较大的创新空间。

3. 创新经验的总结和推广不足

"十三五"时期，在加快建设现代公共文化服务体系的过程中，各地公共图书馆因地制宜地探索适合本区域的发展模式，我国公共图书馆领域已经积累了一定的创新经验。而随着国家和各省公共文化服务体系示范区建设进程的推进、一系列相关研讨班和学术会议的推广，公共图书馆领域完成了对创新案例和创新经验的初步总结，为服务创新推广机制的建设提供了重要的前期成果。

尽管前期已有一定的基础，但我国创新案例和创新经验的应用范围有限、周期过长，尤其是现有的创新案例和创新经验很少能够在总结、提炼

的基础上促进和推动公共图书馆事业的发展。

总的来讲，基于一系列公共图书馆行业的案例征集和学术研讨活动，一批可复制、可借鉴的公共图书馆创新服务案例已经相继涌现，应当支持、推动已有的创新改革举措在全国范围内复制推广，更好地贯彻落实创新发展理念，推动公共图书馆服务高质量发展。

4. 创新氛围的营造和培育不足

党的十八大提出实施创新驱动发展战略。在党和国家相关政策的指导下，相关行业和部门组织高度重视公共图书馆事业的服务创新问题。随着国家和各地公共文化服务体系示范区的展开，各级公共图书馆积极地适应新时期社会需求和社会环境的变化，不断创新服务方式和服务内容，提升服务质量和服务效率，形成了一定的创新氛围。但值得注意的是，创新氛围尚未成为一种业界"新常态"，创新实践和创新思维也尚未真正成为我国公共图书馆发展的核心驱动力。

目前，国际图书馆界的前沿理念主要包括共创理念、包容理念、可持续发展理念。我国在可持续发展理念方面的服务创新存在明显不足，在共创理论方面，我国公共图书馆创客空间的建设尚未普及，仅小部分图书馆具备为创客群体提供服务的能力，而图书馆与科技孵化器、科技园区的结合实践也有待进一步推进。在支持就业和经济发展方面的服务、提升公民参与、提高全社会信息素养方面的服务有所欠缺；在包容性方面，我国公共图书馆主要关注特殊群体、青少年、老年人服务，但在不同人种、不同民族方面的包容性服务较为欠缺，对于特定群体服务的挖掘能力与国外存在一定的差距。此外，我国公共图书馆还未普遍意识到残障创客群体服务的重要性，残障创客群体的便捷服务实施建设能力不足。

五、本章小结

随着我国经济飞速发展和科学技术不断进步，公共图书馆事业在构建现代公共文化服务体系、推动社会主义文化大发展大繁荣的伟大历史进程中展现出更多生机和活力。图书馆界一直在不断反思，试图使公共图书馆的定位更加清晰，找到符合其自身条件及特点的发展路向，以期更好地发挥公共图书馆的社会职能。本章总结了公共图书馆的过去和未来的定位，阐释公共图书馆传统功能和新功能及其所具备的特征，为接下来的实证研究开展夯实理论基础。

自中华人民共和国成立以来，我国高度重视公共图书馆服务的发展，其发展历程可以划分为以下三个阶段：第一，公共图书馆服务起步发展阶段（1949~1977年），由于公共图书馆服务作为公共产品，这一阶段主要来源于政府财政供给、单一渠道建设；第二，公共图书馆服务的复兴阶段（1978~2005年），在该阶段公共图书馆得到了较快发展，公共图书馆服务网络初步建成，同时政府开始着眼于公共图书馆效率评价工作，并逐渐重视儿童图书馆建设工作，以及完善省级公共图书馆服务；第三，公共图书馆服务的快速发展阶段（2006年至今），在这一阶段公共图书馆事业得到全面发展，服务网络不断完善，数字图书馆逐步建成，并不断加强了对读者权利的保障。另外，我国公共图书馆在机构设置、财政投入与人员保障、服务运营、服务效果四个方面发展状况良好，根据历年《中国文化文物统计年鉴》数据，至2020年公共图书馆机构数已有3212个，政府对公共图书馆的财政拨款高达182.13亿元，投入的从业人员也增至57980人，活动参与人次也近9279万人次。

本章对我国公共图书馆服务创新的机遇、挑战和问题进行了梳理总结，从信息技术、经济、文化等方面分析国家相关政策导向。公共图书馆设施建设在公共财政的支持和保障下进入前所未有的上升期，多地新建设的公共图书馆已经成为展示城市形象的重要窗口，"全民阅读"日益成为丰富人民群众文化生活、提升国民科学文化素养的长远战略举措。

公共图书馆既是公共文化服务的主要载体，又是公共文化服务的重要内容。2018年1月起施行的《中华人民共和国公共图书馆法》指出，公共图书馆是向社会公众免费开放，收集、整理、保存文献信息并提供查询、借阅及相关服务，开展社会教育的公共文化设施。文化和旅游部持续开展全国县级以上公共图书馆评估定级工作，表明了国家在制度设计层面对各级公共图书馆绩效评估问题的重视。当然，公共图书馆事业在现代公共文化服务体系建设中快速发展，但也遇到了许多亟待解决的矛盾与问题。在体制层面，事业单位分类改革将公共图书馆划分为公益一类事业单位，明确了公共图书馆的公益属性和财政投入的依据，但也存在一些地区保障不到位、无法通过调节收入激发员工积极性和图书馆内生活力不足等问题。在制度保障方面，存在制度覆盖面不全、碎片化、缺乏自洽性、执行乏力等问题。在经费保障方面，相比政府购买或与民间合作，政府提供的公共服务在某些方面存在无效或低效投入的现象，造成资源严重闲置和浪费人员保障问题，政府对人员编制的严格控制，与公共图书馆行业大发展时期大量人力资源投入的需求相矛盾。在公共图书馆设施建设层面，设施布局不均衡、建设体制行政化等矛盾与问题突出；空间布局在实现初步均等化后正面临深度均等化的现实难题。在服务供给方面，公共图书馆服务方式陈旧单一、服务能力与公众需求矛盾显著；各区域发展极不平衡，中部地区出现资源占有与服务人口不相称，发展速度相对趋慢，均等化水平低等现象。随着社会环境的开放发展，社会知识的供给模式与消费生态已发生质变，图书馆的传统优势与功能也受到了严峻挑战。

针对公共图书馆事业发展面临的问题，学术界也进行了大量的有益探索。学者主要从公共图书馆治理制度建设、现代公共文化服务体系建设要求、提升服务效能的路径研究、知识服务供给侧结构性改革、公共图书馆的总分馆制建设、图书馆转型等方面对公共图书馆事业发展提出了对策建议。当前，学术界试图在现代公共文化服务体系的目标下以财政投入（规模）扩张的传统政策思路来化解结构性矛盾，但这一思路在目前的经济社会条件下难以为继。有鉴于此，本章试图以研究公共图书馆效率为入口，重新审视二十年来我国公共文化服务体系建设的理论与实践，进而反思公共文化服务体系下公共图书馆的理念、目标、定位与政策支撑体系，对于化解公共图书馆事业发展中的结构性矛盾具有重要的理论和政策价值。当前公共图书馆效率受多种因素影响，需要设施、资源、服务和满足读者需求相匹配才能提升，想公正客观地评价就需要建立合理的评估模型。

邱冠华（2015）提出，决定公共图书馆服务效能高低的主要是投入的资源（包括人、财、物、信息），利用资源和通过管理形成的服务能力，用户利用程度和效果，以及它们之间的关系。投入的资源越少，利用程度越高，且与服务能力相匹配，则服务效能越高。公共图书馆的服务效能是多因素影响的结果，许多指标都可以从某一角度来反映服务效能的高低，但真正评判服务效能则需要运用多个指标从不同的侧面进行综合判断，其中能够相对说明公共图书馆服务效能的指标是"投入产出比"。据此，本章的实证研究部分尝试构建合理的投入产出指标体系，客观且科学地对我国公共图书馆效率进行测度和分析。

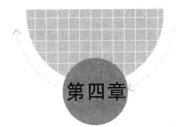

第四章

我国省际公共图书馆效率测度分析

2015 年，中共中央办公厅、国务院办公厅印发的《关于加快构建现代公共文化服务体系的意见》明确指出，要加强公共文化产品和服务供给，提升公共文化服务效能。"效率"产生于物理学领域，后来引入到经济学领域。在经济学领域，效率被定义为产出与投入的比率。经济学领域的效率有着明确的投入和产出的经济数量，具有很强的可比性。随着公共文化投入规模不断增大，公共文化机构服务效率低下的问题，成为政府、学界和社会三方共同关注的"风暴中心"。陈立旭（2011）认为，虽然计划体制下的免费和低收费也体现了公共文化事业"公益性"，但是与此相伴随的，却是"低水平"和"低效率"。傅才武（2017）指出，我国基层文化机构正陷入公共资源投入不断增加而绩效却持续下滑的"悖论"。近年来，学界对公共图书馆绩效评估问题的研究呈现增长趋势，陆红如等（2017）基于 CAJD 数据库对 102 篇有效文献进行分析，将 2005~2015 年我国关于"公共图书馆绩效评估"方面的研究分为三个阶段：2005~2009 年处于探索阶段，2009~2013 年进入蓬勃发展时期，2013~2015 年进入一个较为稳定的发展阶段。

公共图书馆作为现代公共文化服务体系的重要内容，2017 年 1 月，文化部办公厅印发了《关于开展第六次全国县级以上公共图书馆评估定级工作的通知》，制定了公共图书馆评估标准，充分反映了政府对公共图书馆绩效评估问题的重视。2019 年，我国《政府工作报告》明确指出，要丰富人民群众的精神文化生活，"推动文化事业和文化产业改革发展，提升基层公共文化服务能力""倡导全民阅读，推进学习型社会建设"。图书馆作为公益性服务机构，在提升全民的文化素质方面发挥了很重要的作用。政府部门开始加大对图书馆等文化服务机构的投入与支持力度。公共图书馆获得了比以往更多的经费、资源与政策支持，图书馆事业迎来了积极、良好的发展空间。

众所周知，图书馆作为公益性质的组织机构，意味着它并不能像其他营利性组织一样容易计算出其投入产出的比率，也难以揭示图书馆是否使用公共资源为用户提供了适当的服务及是否产生了足够的效益，更无法迅速找出无效率的决策单元。那么，如何证明政府对图书馆的投入是有价值的，以便在与其他部门的经费、资源的竞争过程中更具优势？图书馆的投入有量化的数值，而基于图书馆公益和服务的特性，产出的标准则难以量化显示，所以在以往的图书馆评估中更多是对图书馆投入的评估，对于图书馆产生的效益的评估多是综合性评估，评估结果多是人为主观的指标设置，并且评估结果和投入缺乏有效的可比性，在评估中反映不出图书馆的效率。图书馆效率（Library Efficiency）是指图书馆将其投入（资源）转化为产出（产品或服务）的能力，即图书馆的投入产出效率。如何有效地确定图书馆的产出效率呢？本章将通过对我国公共图书馆效率及其影响因素的研究，刻画公共图书馆效率的演进轨迹，寻找影响其效率的主要因素。

已有文献从各个层面对公共图书馆效率这一问题进行了深入研究和讨论，其中关于公共图书馆效率区域差异性及影响因素研究，对于深入认识我国公共文化服务机构尤其是公共图书馆事业发展的特征，制定合适的政策措施，具有非常重要的现实意义。然而，关于公共图书馆效率的探究，到现在为止还没有形成系统的理论和方法，反映出学界对我国公共图书馆效率问题的研究相对不足。鉴于此，本章拟在我国经济社会发展背景下，综合应用传统的 DEA 模型和超效率 DEA 模型，对 2011~2020 年公共图书馆效率进行度量，同时检验技术效率是否存在"马太效应"及其影响因素的作用机制，进一步考察影响公共图书馆效率演进的深层次原因，为推进公共图书馆事业进步与效率提升提供有益参考。

一、研究方法

（一）DEA-CCR 模型

数据包络分析法是一种典型的非参数方法，通过线性规划的方法来度量效率，不需要已知生产前沿的具体形式，只需要决策单元的投入产出数据，它能方便地处理决策单元多产出的情况。Charnes、Cooper 和 Rhodes 在 1978 年最早提出 CCR 模型。CCR 模型是 DEA 中的一种基本模型。

CCR 模型基于一个基本假定是规模报酬不变（Constant Returns to Scale，CRS）。假设有 n 个决策单元，每个决策单元都有 m 种投入和 k 种产出，第 i 个决策单元投入与产出分别用列向量 x_i 和 y_i 表示，$x = (x_1, x_2, \cdots, x_n)'$ 和 $y = (y_1, y_2, \cdots, y_n)'$ 代表 n 个决策单元的投入和产出矩阵，则 CCR 模型表示如下：

$$\min_{\theta, \lambda} \theta$$
$$\text{s. t. } -y_i + Y'\lambda \geq 0$$
$$\theta x_i - X'\lambda \geq 0 \tag{4-1}$$
$$\lambda \geq 0$$

在式（4-1）中，$\lambda = (\lambda_1, \lambda_2, \cdots, \lambda_n)'$ 为常数向量，θ 为标量。通过求解规划得到的 θ 值表示第 i 个决策单元的效率值，θ 值满足 $\theta \leq 1$。如果某个决策单元的 θ 为 1，表示该决策单元位于生产前沿面上，依据 Farrell（1957）的定义，这个决策单元技术有效。对每一个决策单元求解一次线性规划，就可以获取该决策单元的 θ 值，求解 n 次线性规划，得到每个决策单元相应的效率值。

上述 CCR 模型具有良好的直观解释。从本质上讲，该模型表示在可行投入集合内，投入向量 x_i 最大可收缩的程度，该可行投入集的边界就是生产前沿面。第 i 个决策单元的投入和产出在此技术前沿上的投影点为（$X'\lambda$，$Y\lambda'$），该投影点是包括第 i 个决策单元在内的所有 n 个决策单元投入产出的线性组合。如果实际投入产出和相应的投影点重合，表示该决策单元位于生产前沿面上，即技术效率值为 1，为技术有效，这些投影点的集合就构成了生产前沿面。此外，上述线性规划中的约束条件确保投影点不会落在可行集的外面，该模型的直观意义如图 4-1 所示。

图 4-1 表示一种产出两种投入的情况。SU 为生产前沿，C 点和 D 点位于生产前沿面上，因此这两个点的效率值为 1，它们在技术上是有效的。A 点和 B 点位于生产前沿面外，其投影点分别为 a 和 b，它们在技术上均

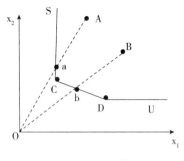

图 4-1 CCR 模型

是无效的。根据 Farrell(1957)的测量方法，A 点和 B 点的相对效率值分别为 $\dfrac{oa}{oA}$ 和 $\dfrac{ob}{oB}$。假设 A 点的效率值为 0.556，表示在不变产出的前提下，其投入最大可收缩到原来的 56.8%。换句话说，最大可减少 43.2% 的投入而不会减少产出量。

（二）BCC 模型

CCR 模型建立在规模报酬不变的基础上，即所有决策单元可以通过增加投入等比例地扩大产出。然而，这一假设相当严格，在许多情况下，财务约束、政策限制、不完全竞争等因素都可能导致企业难以在最优规模下运营。显然，在不满足所有企业都以最优规模运营的情况下，使用规模报酬不变假定会导致规模效率和技术效率难以区分。为了解决这一问题，1984 年，Banker、Charnes 和 Cooper(1984)改进了 CRS 模型，以考察规模报酬可变(VRS)的情况下的生产效率，这就是 BCC 模型。该模型在 CCR 模型的基础上增加了凸性约束条件：$1'\lambda = 1$，即对 λ 的取值做出了限制，从而将其改造为 VRS 模型：

$$\min_{\theta,\lambda} \theta$$
$$\text{s. t. } -y_i + Y'\lambda \geq 0$$
$$\theta x_i - X'\lambda \geq 0 \qquad\qquad (4-2)$$
$$1'\lambda = 1$$
$$\lambda \geq 0$$

在式(4-2)中，1′表示元素均为1的n维向量，这种方法因为增加了约束条件，因而得到的技术效率值会大于或等于CRS模型的结果。此外，凸性约束条件(1′λ=1)可以保证无效单元与规模相近的"基准"单元比较。也就是说，DEA前沿上的投影点是被观测单元的凸组合，而在CRS模型中没有这个凸性约束。因此，在CRS-DEA模型中，被考察单元可能与比它大(小)得多的参考单元进行比较，而权数λ的总和则小于(大于)1。

CCR模型没有考虑规模效率，而BCC模型则考虑了规模效率，它实质上是将CCR模型中的技术效率TE_{CRS}分解为两部分：一是纯技术效率(TE_{VRS})，二是剔除了纯技术效率之后的规模效率(SE)。对于某一特定决策单元，如果其CRS技术效率值与VRS技术效率值不同，说明该决策单元是规模无效的。图4-2说明了BCC模型的含义及其与CCR模型的关系。

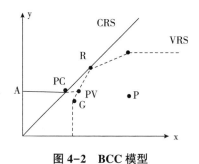

图4-2　BCC模型

图4-2表示单投入单产出的情形，CRS表示规模报酬不变的生产前沿，该前沿上的点表示规模效率和纯技术效率有效，如R点。VRS表示规模报酬可变下的生产前沿，该前沿上的点表示纯技术效率有效，但规模效率并不一定有效，如G点的纯技术效率有效，但规模效率无效。P点的规模效率和纯技术效率均无效。在CRS情况下，其技术效率值$TE_{CRS} = AP_C/AP$，而它在VRS情况下的纯技术效率值$TE_{VRS} = AP_V/AP$，规模效率值$SE = AP_C/AP_V$，由此不难发现：$TE_{CRS}=TE_{VRS}×SE$(这三个指标的取值范围均为0~1)。因此，可以把CRS下的技术效率分解为规模效率和纯技术效率两个部分。显然，只有在规模效率SE和纯技术效率TE_{VRS}都有效时，TE_{CRS}才有效。

(三)超效率 DEA

在 BCC 和 CCR 模型中,经常会出现多个决策单元是有效的,即它们的效率值都是 1,这就不能较好地区分这些决策单元的技术效率水平。1993 年,Andersen 和 Petersen(1993)提出的超效率模型,在一定程度上解决了这一问题。该模型重新计算了上述模型中效率为 1 的决策单元的效率,最终区分在原来都处于前沿面上决策单元的技术效率水平。在规模报酬不变的假设下,度量第 i 个决策单元的技术效率,式(4-4)为模型的具体形式:

$$\min_{\theta,\lambda} \theta$$
$$s.\,t. \ -y_i + \sum_{\substack{j=1 \\ j \neq i}}^{l} x_j \lambda_j \geq 0$$
$$\theta x_i - \sum_{\substack{j=1 \\ j \neq i}}^{l} x_j \lambda_j \geq 0$$
$$\lambda \geq 0 \tag{4-3}$$

在式(4-3)中该模型与 CCR 模型相比,唯一的差别在于构造第 i 个决策单元投影点时的技术不同:在 CCR 模型中,投影点是包括第 i 个决策单元在内的所有 n 个决策单元的投入产出的线性组合,而在超效率模型中,投影点是不包括第 i 个决策单元在内的其他 n-1 决策单元投入产出的线性组合。图 4-3 对该技术进行了说明。

图 4-3 表示两种投入一种产出情形。可以看出,B 点、C 点、D 点都位于生产前沿上,它们的效率值均为 1,而 A 点、E 点的技术效率都是无效的。超效率模型的运用则进一步区分了 B 点、C 点、D 点的效率。比如考察 C 点的情况,测算 C 的超效率时,C 点将不再成为生产前沿的一部分,新的生产前沿只包括 B 点和 D 点,所以 C 点在生产前沿上的投影为 C_1。C 点的超效率值为 $\dfrac{OC_1}{OC}$,假设其取值为 1.6,这表明可以提高投入量的 60%,并且仍处在由其他样本点所定义的技术中。值得注意的是,超效率模型中无效率点 A、E 的效率值和 CCR 模型中的效率数值是相等的。也就是说,超效率模型只是改变了 CCR 模型中技术效率有效点的效率值,不改

变技术效率无效点的效率值。

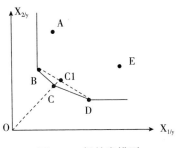

图 4-3 超效率模型

CCR 模型是建立在规模报酬不变的基础上。BCC 模型放松了 CCR 模型中的规模报酬不变假定，考察了规模报酬可变情况下决策单元的生产效率，它实质上是将 CCR 模型中的技术效率分解为规模效率和剔除了规模效率之后的纯技术效率。超效率模型重新计算了 CCR 模型和 BCC 模型中技术有效决策单元的效率，从而区分了原来都处于前沿面上决策单元的技术效率水平。需要说明的是，以上几种常见的 DEA 模型都是以截面数据为例的。不仅 DEA 模型可以处理截面数据，而且可以实现对面板数据的处理。对于面板数据，DEA 模型会分别计算出每个时期的效率值，这意味着每个时期都有各自的生产前沿面，而且每个时期的前沿面通常是不一样的，这一点与参数方法构造的前沿面不同。

对于公共图书馆而言，利用 DEA 模型对投入产出效率进行评价，具有以下几个显著的优点，具体如下：①DEA 模型可应用于多投入多产出模型，不因计量单位不同而影响效率值。只要受评估的决策单元计量单位相同，则效率值不受投入产出指标计量单位的影响。如以册或千册为单位，其效率值不会变化。②使用 DEA 模型进行效率评价快捷方便。随着技术进步，市场上基于 DEA 模型开发的软件越来越多，如 MaxDEA、DEA-Solver等，进行效率评价时只需要根据构建的模型将数据输入，运用软件对数值进行处理，就能较快得到结果，操作便捷且耗时较短。③评价结果客观公正。DEA 模型不受投入产出数据量纲的影响，无需进行货币单位换算，无需预先估计权重参数和函数模型，没有人为因素的影响，大大降低了误差，评价结果客观公正。④具有普遍适应性。DEA 模型在进行效率评价时无需确定显性关系，决策单元普遍适用，因此 DEA 模型能够在经济、管理、社会等众多研究领域得到广泛应用。⑤使用 DEA 模型进行效率评价得出的结果具有指导作用。采用 DEA 模型进行效率评价，一般有三种评价结果：一是 DEA 模型有效，二是 DEA 模型弱有效，三是非 DEA 模型有效。DEA 模型有效说明决策单元投入产出达到最优状态，无需调整；若评价结果为后两者，DEA 模型能够给出投入产出调整方向和调整数量。

（四）核密度估计

与传统的参数估计方法相比，核密度估计无需事先限定函数的具体形式，对未知分布的估计具有较好的适应性，有效避免陷入先验式的逻辑矛盾。可从经验分布函数导出一元核密度估计，经验分布函数为：

$$F_n(x) = \frac{1}{n}(X_1, \cdots, X_n \text{ 中小于 } x \text{ 的个数})$$ 取核函数为均匀核：

$$K_0(x) = \begin{cases} \dfrac{1}{2} & \text{当} -1 \leq x \leq 1 \text{ 时} \\ 0 & \text{其他} \end{cases} \qquad (4-4)$$

此时，概率分布函数 $f(x)$ 为：

$$\hat{f}_n(x) = \frac{\left[F_n(x + h) - F_n(x - h) \right]}{2h}$$

$$= \frac{1}{2h} \int_{x-h}^{x+h} dF_n(t) \qquad (4-5)$$

$$= \int_{-\infty}^{+\infty} \frac{1}{h} K_0\left(\frac{x - t}{h} \right) dF_n(t)$$

$$= \frac{1}{nh} \sum_{i=1}^{n} K_0\left(\frac{x - X_i}{h} \right)$$

将核函数放宽就得到一般的密度核函数：

$$\hat{f}_n(x) = \frac{1}{nh} \sum_{i=1}^{n} K\left(\frac{x - X_i}{h} \right) \qquad (4-6)$$

要求当 $n \to +\infty$ 时，$h \to 0$，$hn \to +\infty$。

假设 p 维随机向量 X 的密度函数 $f(x) = f(x_1, x_2, \cdots, x_n)$ 未知，$X_1,$

X_2，…，X_n 是它的独立同分布样本，则 $f(x)$ 的核估计为：

$$f_n(x) = \frac{1}{nh^p} \sum_{i=1}^{n} K\left(\frac{x - X_i}{h}\right) \qquad (4-7)$$

其中，n 为样本数，h 为带宽，k(·)为核函数。在实际分析我国公共图书馆效率的分布形态特征时最受关注的两个问题是带宽和核函数的选择。点 x 的领域内各点对密度函数贡献的权重即可理解为核函数，其中常见的核函数形式有 Epanechnikov 核函数、Triangle 核函数、Cosinus 核函数和 Gaussian 核函数等。对于最佳带宽的选择，最为简单的原则是真实密度函数与密度估计之间的误差越小越好。理论上，在核估计的方差和偏差之间进行权衡，以使积分均方误差(MISE)最小，本章采用基于数据的自动带宽，即 $h = 0.9n^{-1/5} \times \min\{s, (Q_{3/4} - Q_{1/4})/1.34\}$，其中 s 为样本标准差，下四分位数为 $Q_{1/4}$，上四分位数为 $Q_{3/4}$，$Q_{3/4} - Q_{1/4}$ 为四分位间距。

二、数据来源与说明

公共图书馆的"服务产品"是在图书馆馆员与读者的互动中实现的，读者的服务需求千差万别，具有复杂性、动态性、多样性和差异性，将图书馆服务"标准化"既不可行也不科学。所以，要选取合适的投入产出衡量指标是存在难度的。采用 DEA 方法，要选取合适的投入产出指标，指标的选取具有合理性和科学性，必须遵循其评价原则，从而能够准确地反映研究的实际内容。本书根据自身研究目的并结合国内外历年研究成果，遵循以下四项基本原则：

在 DEA 方法的使用过程中要满足"自由度"要求。评价结果可靠度与评价单元的个数以及投入产出指标个数存在一定的关系，当评价单元个数越多、指标个数越少时，评价结果就越可靠。Cooper 等(2007)指出评价单元的个数 n 与投入指标数 p 及产出指标数 q 之间应满足关系：$n \geqslant \max\{p \times q, 3(p+q)\}$。因此，在使用 DEA 方法时，投入和产出指标个数不宜过多，应尽量选择最具有代表性的指标。

同向性原则。公共图书馆效率评价投入和产出指标需要满足同向性原则。在 DEA 方法中，每个决策单元的有效性依赖于投入综合和产出综合的比值，因此必须确保投入变量和产出变量保持较强的正相关性，即增加某项投入而不会使某项产出减少。

　　数据易获得性原则。DEA 方法中评价指标的选取必须遵循数据易获得性原则。一定要选择能够便于数据采集的投入产出指标。数据的客观、完整、准确是确保研究结果准确的基础，由于客观条件限制，有些数据的获取存在很大难度，如读者满意度指标暂无官方统计数据，不适合作为产出指标。

　　完整性原则。投入产出指标体系要有代表性，能够反映公共图书馆的实际情况，应当尽可能完备，充分反映公共图书馆活动的主要方面，包括经费支出、人员数、总藏量、建筑设施等。

　　2017 年，文化部办公厅发布《关于开展第六次全国县级以上公共图书馆评估定级工作的通知》，并分别公布了省、市、县各级公共图书馆评估定级标准。其中关于县级公共图书馆评估的部分指标、分值和权重，在保障条件上，经费保障、信息基础设施保障、文献资源保障、图书馆建筑设施保障以及人员保障为重要指标；在服务效能上，基础服务、阅读推广与社会教育以及读者评价为重要指标。与此同时，鉴于目前公共图书馆效率评价指标尚未统一，本书参考国内外有关公共图书馆效率文献中的投入产出指标(见表 4-1)来构建我国公共图书馆效率的投入产出体系。

表 4-1　公共图书馆投入产出指标变量选取统计

现有文献观点	投入变量	产出变量
Chen，Morita 和 Zhu(2005)	馆舍面积、总馆藏数量、从业人员、接待读者数量	登记读者数量、图书外借数量
Yoon(2010)	固定资产、馆舍面积、工作人员数量	用户访问次数、馆舍藏量
Hammond (2009)	开放时间、专著和音像资料数量、连续出版物数量、图书馆新增项目数量	总流通量、参考业务量、正在进行被请求项目数量
李建霞(2008)	从业人员数占人口比、电子阅览室终端数/机构个数、人均拥有藏书册数、各馆各种设备购置费、人均购书费、阅览室坐席数、机构个数	累计百人发放有效借书证、书刊文献外借册次、书刊文献外借人次、总流通人次

续表

现有文献观点	投入变量	产出变量
王婷和李少惠（2020）	财政拨款、从业人员、图书总藏量、阅览室坐席数、供读者使用的电子阅览室终端数	总流通人次、书刊文献外借册次、组织各类讲座、举办展览及培训个数
石丽和秦萍（2020）	总藏书量、从业人员、阅览室坐席数、公共图书馆总支出	总流通人次、图书外借册数、有效借书证
朱相宇（2014）	每万人拥有从业人员数、人均总藏量、每万人拥有新购藏量	人均到馆次数、注册读者占常住人口比例、人均借阅册次
刘静，柳贝贝和崔兰花（2019）	图书馆个数、从业人员数、总藏书量、阅览室坐席数	总流通人次、累计发放有效借书证数、书刊文献外借册次
袁华萍，方军和朱永凡（2019）	公共图书馆总投资、图书馆授薪人员数、公共图书馆提供项目数量、公共计算机数量	参与各项目人数、访问量、计算机使用次数

投入指标：公共图书馆服务资源由文献资源、硬件资源、人力资源和经费资源组成。文献资源是公共图书馆事业高质量发展的有力保障，本书以馆藏量来衡量；硬件资源是公共图书馆提供服务的坚实后盾，以公共图书馆阅览室坐席数来表征；人力资源是公共图书馆创新发展的不竭源泉，以从业人员数量来表征；经费资源是公共图书馆可持续运行的必要条件，也是各项活动开展的基础，以公共图书馆总支出来衡量。

产出指标：在第六次全国县级以上公共图书馆评估标准中明确规定了省级公共图书馆的评定细则，但囿于指标的可操作性，如服务创新、读者满意度等暂无官方统一口径数据，据此本章选取了公共图书馆参观阅览人次、书刊外借册次、累计发放有效借书证数、总流通人次共计四个指标来进行表征。

鉴于数据的完整性和可得性，本章实证研究样本范畴不包含港澳台地区，共计 31 个省份。时间跨度为 2011～2020 年，涉及的投入、产出变量数据均来源于《中国文化文物统计年鉴》（2012～2021 年）、《中国统计年鉴》（2012～2021 年）、各地方统计年鉴以及相关网站；驱动机制因素分析中所涉及的变量数据来源于《中国文化文物统计年鉴》(2012~2021年)，共整理出10年的面板数据。采用学术界现在普遍的做法，用加权平均法补全研究中所缺失的数据。为了进一步刻画我国公共图书馆效率的区域差异，将全国分为西部、中部和东部三大区域(西部地区包括内蒙古、广西、新疆、宁夏、青海、甘肃、陕西、西藏、云南、贵州、重庆、四川；中部地区包括湖南、湖北、河南、江西、安徽、黑龙江、吉林、山西；东部地区包括海南、广东、山东、福建、浙江、江苏、上海、辽宁、河北、天津和北京)，如表4-2所示。

表4-2　我国公共图书馆效率测度指标体系

指标类型	评价指标	单位	最小值	最大值	均值	标准差
投入指标	公共图书馆总藏量	万册	56.5	11687.33	2806.92	2217.534
	从业人员	人	60	5163	1777.948	948.9391
	公共图书馆阅览室坐席数	万个	0.06	12.53	3.085	1.964
	公共图书馆总支出	万元	894	240520	42958.45	37955.71
产出指标	公共图书馆总流通人次	万人次	2.93	13935.06	1952.725	2211.087
	公共图书馆累计发放有效借书证数	万个	0.59	2848.55	169.944	292.207
	公共图书馆书刊文献外借册次	万册次	2.36	8681.37	1519.164	1665.708
	公共图书馆参观展览人次	万人次	0.63	2076.1	170.506	251.356

三、我国公共图书馆效率测度与分析

(一)传统 DEA 测度结果

经检验，2011~2020年各地区的公共图书馆投入指标和产出指标数据均满足数据包络分析的相关性和同向性条件。下面根据上述模型方法，通过 DEA-Solver Pro5.0 软件包分别测算 2011~2020 年我国公共图书馆技术效率、纯技术效率以及规模效率，表 4-3 为基于传统 DEA 模型得到 2020 年我国 31 个省份的公共图书馆效率值及其分解。

表 4-3　2020 年基于 DEA 模型的我国公共图书馆效率得分及排名

地区	技术效率	纯技术效率	规模效率
北京市	0.305	0.478	0.638
天津市	0.407	0.499	0.815
河北省	0.439	0.579	0.759
山西省	0.685	0.779	0.879
内蒙古自治区	0.446	0.552	0.809
辽宁省	0.604	0.713	0.847
吉林省	0.272	0.457	0.595
黑龙江省	0.215	0.479	0.449
上海市	0.625	0.725	0.863
江苏省	1.000	1.000	1.000
浙江省	1.000	1.000	1.000
安徽省	0.832	0.943	0.882
福建省	0.832	0.890	0.935
江西省	0.752	0.894	0.842
山东省	0.658	0.704	0.935
河南省	0.724	0.767	0.944
湖北省	0.464	0.525	0.882
湖南省	0.933	1.000	0.933
广东省	0.866	0.867	0.999
广西壮族自治区	0.451	0.569	0.794
海南省	0.541	0.860	0.630
重庆市	0.900	0.998	0.901
四川省	0.512	0.554	0.922
贵州省	0.540	0.669	0.807

地区	技术效率	纯技术效率	规模效率
云南省	0.572	0.660	0.866
西藏自治区	0.122	1.000	0.122
陕西省	0.446	0.546	0.817
甘肃省	0.378	0.517	0.731
青海省	0.212	0.741	0.286
宁夏回族自治区	0.505	1.000	0.505
新疆维吾尔自治区	0.223	0.585	0.381
均值	0.556	0.709	0.754

从综合效率来看，2020年全国公共图书馆效率均值为0.556，仍存在45%的改进空间，纯技术效率值为0.709，规模效率为0.754。从整体而言，利用现有投入的技术水平还有提升空间，投入规模上也需要继续跟进，两个方面的任何提高都能为我国公共图书馆整体效率优化出力。达到DEA模型有效的省份只有2个，分别是江苏省、浙江省，占比6.45%，处于效率前沿面，这两个省分别实现了范围内公共图书馆纯技术效率、规模效率同时有效，即在当前的投入规模下，产出实现了最理想状态，无须进行任何调整。若想继续提高其某项产出，只能增加全部或某项投入或减少某项其他产出。在技术无效的省份中，效率值大于等于0.9的省份有2个，分别是湖南省（0.933）、重庆市（0.900），占比6.45%。效率介于0.7~0.9的省份有5个，分别为安徽省（0.832）、福建省（0.832）、江西省（0.752）、河南省（0.724）、广东省（0.866），占比16.1%，效率低于0.5的省份有14个，主要分布于西部地区。

在非综合效率有效的DMU中，通过观察其纯技术效率和规模效率值发现，湖南省、西藏自治区和宁夏回族自治区的纯技术效率为1，纯技术效率反映公共图书馆的资源配置与管理能力，说明2020年这些省份的公共图书馆资源配置与管理水平处在最优生产前沿面上，整体的资源配置与管理水平较高。重庆市纯技术效率为0.998，也接近于最优效率，需要指出的是这些省份同时规模无效，说明虽然湖南省、西藏自治区和宁夏回族自治区都有效利用了现有投入和技术，重庆市基本充分利用了现有的投入和技术，规模却未实现最优状态，亟须将合理提高投入、技术，与大力扩大规模同时并举。另外，福建省、山东省、广东省、四川省的规模效率分别达到 0.935、0.935、0.999、0.922，都接近于规模效率前沿面，因此在这四个省份范围内公共图书馆综合效率提升中，应以投入资源、技术的改善与协调为主，以适当扩大规模为辅。

从效率分解来看，纯技术效率全国均值为 0.709，规模效率全国均值为 0.754，表明国家对公共图书馆投入规模相对比较合理，综合效率不高的原因在于技术管理水平不高。在达到纯技术有效的 5 个省份中，宁夏回族自治区和西藏自治区的综合技术效率较低，不足 0.6，说明二者在规模有效性上问题很大。纯技术效率低于 0.5 的省份有 4 个，分别为北京市、天津市、吉林省、黑龙江省，但这些省份的规模效率除了天津市为 0.815，其余省份均低于 0.65，可见这些省份综合效率不高的原因在于规模配置和管理水平存在严重短板。

选取 DEA-solver pro5.0 软件进一步测度出 31 个省份的样本期内公共图书馆效率的具体结果，对我国公共图书馆效率进行深入分析。表 4-4 列出了 2011～2020 年我国公共图书馆整体以及东部、中部、西部三大地区的效率值结果。可以看出，我国公共图书馆效率水平偏低，平均效率值为 0.719。结合胡慧源和杜纯（2023）等的研究结论可以看出，公共图书馆业与其他文化服务机构一样，技术效率还处于较低水平，远远未能挖掘出现有资源和技术的利用潜力，对前沿技术的利用程度不高，因此技术效率还有较大的提升空间。从变化趋势来看，我国公共图书馆效率总体呈现下降趋势，2011 年公共图书馆平均效率为 0.756，2012 年上升到 0.805，经历短期的上升以后，表现出波折下降走势，2020 年技术效率值下降到 0.563。

表 4-4　2011～2020 年基于 DEA 模型的我国三大区域的公共图书馆效率测度结果

年份	全国平均	东部平均	中部平均	西部平均
2011	0.756	0.850	0.843	0.612
2012	0.805	0.875	0.922	0.662

续表

年份	全国平均	东部平均	中部平均	西部平均
2013	0.764	0.897	0.821	0.604
2014	0.730	0.855	0.773	0.587
2015	0.705	0.845	0.750	0.546
2016	0.707	0.870	0.732	0.541
2017	0.709	0.861	0.757	0.539
2018	0.731	0.903	0.781	0.540
2019	0.721	0.895	0.795	0.513
2020	0.563	0.662	0.610	0.442
平均	0.719	0.851	0.778	0.559

　　从三大地区来看，与我国经济发展水平相一致，东部地区的技术效率显著高于中西部地区，区域间存在着显著的不平衡。东部地区平均效率为0.851，中部地区、西部地区分别为0.778和0.559。东部地区的技术效率之所以居于三大地区之首，究其原因在于伴随经济快速全球化，中国经济红利得到持续释放，东部地区的政府部门为公共图书馆建设与公共教育事业提供了充足的财政支持，使公共图书馆服务资源配置水平发展迅速、人民的受教育水平得到了持续提升，其对文化精神需求日益增长，扩大了公共图书馆服务的受益群体范围。而西部地区在居民文化素养、人才队伍、基础设施、制度环境等方面都与东部地区有一定的差距，因此公共图书馆效率也落后于东部地区。值得一提的是，整个"十二五"时期，中央政府加大对中部地区、农村和基层图书馆的支持力度等保障措施，使公共图书馆事业发展的地区差异和城乡差距有缩小的可喜景象。

　　表4-5提供了2011~2020年我国省际公共图书馆效率的平均值。就各省份而言，浙江省的效率最高，为1.000。各省份公共图书馆平均效率值在0.168~1.000。东部地区的江苏省、广东省、福建省、上海市的平均效率值更是超过了0.94。海南省的平均效率值为0.645，是东部地区效率最低的省份。中部地区的安徽省、江西省效率值相对较高，分别为0.943和0.955，不逊色东部地区的省份，而吉林省的效率值为0.469。西部地区除

了重庆市、广西壮族自治区与云南省的平均效率值较高，其余省份的效率都较低。由此可见，各省份的技术效率差异较为明显，并且效率较高的省份主要集中在东部地区，效率值较低的省份主要集中在中西部地区，我国公共图书馆效率呈现"东高西低"的趋势。

表4-5　2011~2020年基于DEA模型的我国公共图书馆平均效率测度结果

地区	技术效率	地区	技术效率	地区	技术效率
北京市	0.797	山西省	0.732	贵州省	0.499
天津市	0.663	吉林省	0.469	云南省	0.727
河北省	0.793	黑龙江省	0.617	陕西省	0.580
辽宁省	0.738	安徽省	0.943	甘肃省	0.494
上海市	0.945	江西省	0.955	青海省	0.369
江苏省	0.993	河南省	0.894	宁夏回族自治区	0.483
浙江省	1.000	湖北省	0.699	新疆维吾尔自治区	0.484
福建省	0.978	湖南省	0.917	西藏自治区	0.168
山东省	0.825	中部	0.778	重庆市	0.932
广东省	0.987	内蒙古自治区	0.451	西部	0.559
海南省	0.645	广西壮族自治区	0.858	—	
东部	0.851	四川省	0.660		

(二)超效率DEA测度结果

为了进一步厘清样本期内我国地区公共图书馆事业发展状况，本章选取超效率DEA模型测算了我国31个省份的公共图书馆效率值(见表4-6)。从总体来看，我国样本期内公共图书馆尚未实现技术有效，表明我国公共图书馆效率存在提升空间，资源配置合理性有待进一步加强。

从均值项可知，不同省份的公共图书馆效率存在较大的差异，上海、江苏、浙江、福建、江西和广东都达到有效状态，其中上海的公共图书馆效率值最高，达到了2.038。其他地区的公共图书馆效率均处于非有效状态，其中效率值在 0.6 以上的有北京、天津、河北、山西、辽宁、黑龙江等 16 个省份，效率值较低的省份为西藏、青海、内蒙古和吉林。

表 4-6　2011~2020 年基于超效率 DEA 的我国地区公共图书馆效率①

地区	2011 年	2013 年	2015 年	2016 年	2017 年	2018 年	2019 年	2020 年	均值
北京市	0.798	1.197	0.784	0.850	0.676	0.958	0.969	0.305	0.815
天津市	0.720	0.811	0.670	0.699	0.685	0.738	0.609	0.407	0.663
河北省	0.778	0.815	0.774	0.983	0.827	0.856	0.851	0.439	0.794
山西省	0.633	0.599	0.820	0.540	0.719	0.897	1.249	0.685	0.756
内蒙古自治区	0.397	0.535	0.396	0.420	0.466	0.512	0.471	0.446	0.454
辽宁省	0.734	0.802	0.656	0.713	0.736	0.749	0.767	0.604	0.741
吉林省	0.477	0.412	0.520	0.539	0.451	0.483	0.479	0.272	0.467
黑龙江省	0.914	0.990	0.445	0.434	0.462	0.603	0.561	0.215	0.620
上海市	0.964	2.943	4.041	3.908	1.200	1.183	0.969	0.625	2.038
江苏省	1.298	1.229	0.931	1.568	1.442	1.649	1.499	3.809	1.588
浙江省	1.576	1.272	1.621	1.519	1.426	1.424	1.496	1.000	1.470
安徽省	0.909	0.915	0.930	0.864	0.975	1.267	1.088	0.832	0.984
福建省	1.670	1.318	1.091	0.976	1.129	1.244	1.466	0.832	1.221
江西省	1.013	1.301	0.963	1.149	1.207	0.940	0.900	0.752	1.062
山东省	0.961	0.817	0.651	0.766	0.777	0.877	0.911	0.658	0.838
河南省	1.484	0.891	0.909	0.840	0.895	0.838	0.886	0.724	0.948
湖北省	0.807	0.758	0.640	0.642	0.630	0.634	0.621	0.464	0.687
湖南省	1.031	1.021	0.770	1.010	0.920	0.854	0.917	0.933	0.931
广东省	1.211	1.272	1.547	1.317	1.579	1.972	1.505	0.866	1.411
广西壮族自治区	1.162	0.852	0.873	0.843	1.002	0.832	0.725	0.451	0.885
海南省	0.400	0.619	0.826	0.586	0.770	0.760	0.766	0.541	0.647
重庆市	0.818	1.120	0.995	1.114	0.852	0.895	0.862	0.900	0.965
四川省	0.643	0.560	0.599	0.762	0.831	0.635	0.593	0.512	0.658
贵州省	0.444	0.481	0.470	0.455	0.439	0.512	0.462	0.540	0.495

① 注：鉴于 2012 年和 2014 年的超效率数据绝大部分小于 1，故没有列出。

续表

地区	2011 年	2013 年	2015 年	2016 年	2017 年	2018 年	2019 年	2020 年	均值
云南省	0.863	0.876	0.858	0.649	0.597	0.670	0.614	0.572	0.722
西藏自治区	0.376	0.197	0.136	0.184	0.104	0.115	0.105	0.122	0.165
陕西省	0.478	0.655	0.633	0.600	0.611	0.603	0.554	0.446	0.576
甘肃省	0.483	0.520	0.491	0.471	0.463	0.490	0.499	0.378	0.484
青海省	0.744	0.441	0.232	0.238	0.270	0.313	0.272	0.212	0.369
宁夏回族自治区	0.501	0.506	0.421	0.427	0.537	0.552	0.540	0.505	0.484
新疆维吾尔自治区	0.601	0.626	0.453	0.447	0.302	0.348	0.459	0.223	0.478
均值	0.835	0.882	0.843	0.855	0.774	0.819	0.796	0.654	0.820

考察由 2011~2020 年全部样本所构造的生产前沿面,位于效率最佳实践省份分布情况,2011 年有江苏、浙江、福建、江西、河南、湖南、广东和广西 8 个省份位于生产前沿,2019 年、2020 年有上海、江苏、浙江、安徽、福建和广东 6 个省份位于生产前沿,可见,主要由东部省份确定生产前沿面,这些省份应继续保持公共图书馆建设发展的"最佳实践者",带领我国公共图书馆事业更上新台阶。但需要说明的是,公共图书馆效率最佳实践省份并不意味着公共图书馆服务资源配置没有改进空间,只是相对于其他省份的公共图书馆资源利用更为合理。目前,公共图书馆效率相对较低的省份长期处于投入增加比例低于产出增长比例,公共图书馆事业发展任重而道远,应适时从单纯扩大馆舍面积的规模扩张发展模式向创新服务模式以提升服务效能为重点的内涵式发展转变。

通过整理基于超效率 DEA 测算的我国地区公共图书馆效率值发现,东部地区的公共图书馆效率均值始终最高,扮演着"领航者"角色,中部地区、西部地区则扮演"追赶者"角色。从图 4-4 可以发现,各年份全国公共图书馆效率均值都在 0.860 以下,意味着公共图书馆存在较大资源节约和产出提升空间。我国三大经济区域公共图书馆服务资源配置分化显著。

前文只是简单地描述我国公共图书馆效率区域空间的相对差异,并不能反映效率值的绝对差异和动态演进特征。基于此,本书借助非参数估计中的核密度估计方法对我国公共图书馆效率水平的分布位置、分布态势、分布延展性以及极化趋势进行全面刻画分析,探究我国公共图书馆效率时

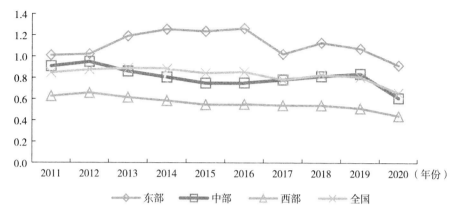

图 4-4　2011~2020 年三大经济区域的公共图书馆效率差异及其动态变化

间维度的动态演进特征。核密度估计能够反映变量分布位置、分布态势、分布延展性以及极化趋势等信息。其中，分布位置表征我国公共图书馆效率水平的高低，分布位置越靠右表明公共图书馆效率水平越高；分布态势的波峰形态表征我国公共图书馆效率的空间分布差异，具体来看波峰宽度越宽表明我国公共图书馆效率水平的空间差异越大，反之则空间差异越小；分布延展性表征我国公共图书馆效率水平较高的城市与其他城市之间的空间差异，右拖尾越长则代表我国公共图书馆效率的区域发展不平衡愈加严峻；极化趋势则反映于波峰的个数，波峰个数越多表明中国公共图书馆效率水平的极化程度越高。

接下来，本书采用高斯正态分布的核密度函数来刻画我国各地区公共图书馆效率随时间变化的集聚差异，选择了 2011 年、2013 年、2015 年、2017 年、2020 年这五个年份为观测点进行密度估计。图 4-5 为各个时间节点的分布状态，其中，横轴为我国地区公共图书馆效率；纵轴为核密度。各条曲线随着时间的推移由虚线变成实线，清楚地展现了公共图书馆效率随时间推移的演进状况。

由图 4-5 可知，我国地区公共图书馆效率核密度曲线分布整体上呈现波峰从低到高、从右到左的演变分布特征，表明了公共图书馆效率并没有随着时间推移出现明显增幅，反而多数地区存在着向低水平靠拢的趋势。其中，2011 年公共图书馆效率呈宽低型"单峰"分布，波峰对应的效率值在 0.7 左右；相比较而言，2020 年的核密度曲线变化为主体曲线呈现明显的高窄型分布，且右侧有明显的拖尾现象，表明各地区公共图书馆效率收敛趋势更为显著，波峰对应的效率值进一步下降到 0.5 附近，且存在多个高服务效率地区。尽管"十一五"时期以来，地方各级政府和中央相继出台扶持公共图书馆建设的方针政策，稳步增加公共图书馆财政拨款，使公共图书馆事业突飞猛进，但并不能完全满足社会公众日益增大的精神文化需求，地区之间的差距依然较大。

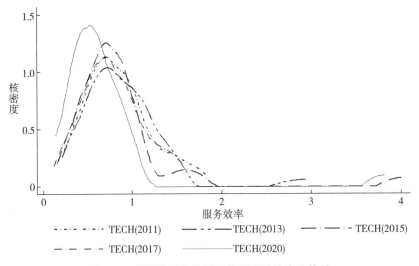

图 4-5　我国地区公共图书馆效率的核密度估计

(三)效率差异原因解析

不难看出，我国公共图书馆建设取得了长足的发展，服务效率在样本期内可圈可点，但是由于受到地理禀赋、历史文化、经济发展等多重因素影响，中、西部地区的公共图书馆事业发展总体而言落后于东部地区，发展的不可持续性、不均衡、不充分问题依旧突出，其原因大致可以从以下几个方面进行阐释：

第一，缺乏统筹规划。由于早期公共图书馆建设缺乏详细标准和系统规划，在空间分布并没有综合考量受众的覆盖面，导致中部和西部地区的公共图书馆及其配套设施在空间位置上呈现出零散的状态。首先，受到部门自上而下的主导建设模式制约，重大文化惠民工程、设施服务项目和财政资金分散在各公共文化机构中，图书馆与各机构之间缺乏有效整合和统筹，资源浪费和重复建设现象并存，难以发挥综合效益。其次，总分馆制建设的体系化程度不高，不同层级的分馆之间互动较少，没有建立体系化的组织联系。最后，与之配套互补的流动设施、服务设施建设相对滞后，社区(村)设施建设明显不足，图书馆提供的公共文化服务"最后一公里"问题依然凸显。

第二，重建设、重投入而轻管理。从各省的公共图书馆资金流向可以发现，一些省份资金倾向于图书馆馆舍设施建设，弥补服务内容的单一。但是有些地区在图书馆的设施功能上盲目求全、建设标准上盲目求高、设施规模上盲目求大，导致配套设备配置及维护、服务开展和资源建设等缺乏足够的资金支持，一些设施处于被闲置状态，难以正常运行。而另一些省份，资金流向的重点在于提升服务品质和内容上。同时，有些地方图书馆的管理方式粗放，绩效管理能力较弱，资金的使用效益亟待提高。

第三，供给不足和结构失衡。图书馆部分服务资源或项目不符合用户需求，首先针对少数民族区域群众、农民工、残疾人、老人和少年儿童的服务项目和资源极为不足，无法发挥综合效应。其次，服务资源数量不足，内容单一，产品内容的可选择性较小，并不能满足日益增长的群众多样化需求。最后，对公共图书馆的数字化建设重视程度不够。公共图书馆数字资源和服务内容不完善，与公共文化机构、流动设施和配套设施的关联度和依存度不高，数据共享还不充分，极大地制约了数字化建设的效率。

四、本章小结

公共图书馆作为公共物品，具有非竞争性和非排他性，这便决定公共图书馆不可完全通过市场机制，由追求利润最大化的部门进行配置，在公共图书馆中追求效率最大化就是以有限的资源实现公众信息需求的最大化。已有研究为本章提供了重要的理论支撑，但同时也存在继续深入的空间。在效率测度的方法上，学者大多选用传统 DEA-BCC 和 CCR 模型，而经典 DEA 方法难以对多个效率值为 1 的省际公共图书馆进行比较和排序。

　　基于此，本章尝试作进一步拓展：在传统 DEA 模型测度的基础上，进一步使用超效率 DEA 模型评价我国公共图书馆效率。本章的研究目的在于测算中国各区域公共图书馆的静态效率，以期对近年中国各区域公共图书馆的投入产出绩效作出合理监督和评价。以 2011~2020 年我国 31 个省份的公共图书馆相关数据为考察样本，以公共图书馆总藏量、从业人员、公共图书馆阅览室坐席数和公共图书馆总支出作为投入指标，以公共图书馆总流通人次、公共图书馆累计发放有效借书证数、公共图书馆书刊文献外借册次和公共图书馆参观展览人次作为产出指标，综合了传统的数据包络分析方法和超效率 DEA 模型测度我国地区的公共图书馆效率。

　　研究结果表明：①从传统的 DEA 模型测度结果可以看出，考察期内各地区公共图书馆效率整体处于较低的水平，存在较大的提升空间；就各省份而言，浙江省的效率最高，为 1.000，西藏自治区的效率最低，仅为 0.168。各省份公共图书馆平均效率值在 0.168~1.000。②超效率 DEA 模型测度结果显示我国三大经济区域公共图书馆服务资源配置分化显著，东部地区均值达到 1.111，远高于我国平均水平，而中、西部的公共图书馆效率的均值都低于东部地区，从区域分布上来看，公共图书馆效率存在着地理分布上西低东高的特点；观察随时间变化的集聚差异程度发现，各地区公共图书馆效率向低水平集聚的收敛趋势更加显著，核密度函数的波峰效率值也逐年左移。总之，近年来持续下降、非均衡发展的公共图书馆效率充分说明，单纯的规模扩张不足以持续支撑公共图书馆事业的发展和绩效水平的提高，这对于决策当局有针对性地调配公共图书馆资源具有重要现实指导价值。③综合 DEA 模型、超效率 DEA 模型和核密度对我国 31 个省份的公共图书馆效率现状进行评估，认为 2011~2020 年来图书馆效率区域差距的增大是由于缺乏统筹规划、供给不足与结构失衡、重建设而轻管理导致的。

第五章

我国省际公共图书馆效率的
影响因素分析

公共图书馆以公益为使命，以公平为原则，把公共图书馆服务效果与公共图书馆的目标、性质、功能结合起来，将资源使用效率最大化与公共图书馆目标实现最大化结合起来，即追求效率原则和维护平等原则，这也是公共图书馆价值体系中的两种核心价值观，但由于受到多种复杂社会因素的制约，效率与平等往往存在着某种程度的背离。因此，如何保持效率服务与平等服务的统一和协调发展，是现代图书馆管理中面临的一个问题。据此，本章继续以公共图书馆为研究对象，结合多学科的相关知识展开定性和定量研究，以期为各省份提升公共图书馆效率、发展文化事业提供一定的参考和借鉴。前面章节主要从投入产出本身来考察我国公共图书馆的效率问题，并未涉及外生因素，即环境因素对公共图书馆效率的影响，本章的研究在这方面作进一步拓展。理论上讲，系统外任何与公共图书馆提供服务活动相关的因素都可能对效率造成影响，但并非所有因素都会有显著影响。

本章将我国公共图书馆效率与公平问题纳入统一框架中进行研究，基于内部因素和外部因素综合视角探讨对公共图书馆效率的影响。

一、研究方法

(一)马尔可夫模型

马尔可夫链是一种时间和状态均为离散的马尔可夫序列，通过构建马尔可夫转移矩阵，探索全国各个地区在不同时期公共图书馆效率水平分布的动态演进规律和发展趋势。该方法的主要原理为：将连续的公共图书馆效率值离散化为 k 种类型，然后在时间和状态均为离散的条件下，计算相应类型的概率分布和演变态势。

本章借鉴周迪（2017）的研究方法，将我国 31 个省份划分为四类，即低水平、中低水平、中高水平、高水平。划分的标准为：低水平——效率低于全国的 50%；中低水平——效率介于全国平均的 50%~100%；中高水平——效率介于全国平均的 100%~150%；高水平——效率高于全国平均水平的 150%。通过计算我国省际公共图书馆效率在不同水平类型间的转移概率，检验我国公共图书馆效率是否具有等级固化特征。

一步时长为 a 年的转移概率记为 $P_{\theta m}^{t,t+a} = \{X_{t+a} = m \mid X_t = \theta\}$，表示第 t 年公共图书馆效率水平处于 θ 类型的地区在 a 年后转移到 m 类型的一步转移概率，综合整个样本期内所有地区和可能转移的情况，得到考察期内的马尔可夫转移概率 $P_{\theta m}^a$，并进行估计：

$$P_{\theta m}^a = \sum_{t=t_0}^{t_n-a} n_{\theta m}^{t,t+a} \bigg/ \sum_{t=t_0}^{t_n-a} n_\theta^t \qquad (5-1)$$

在式（5-1）中，n_θ^t 为第 t 年属于 θ 类型的地区总数；$n_{\theta m}^{t,t+a}$ 为整个考察期内所有在 t 年属于 θ 类型而在 t+a 年后转移为 m 类型的地区数之和；t_n 为最后一个时期。

（二）DEA-Tobit 两步法

应用 DEA 方法得出决策单元效率值后，为了进一步分析评估效率受哪些环境因素的影响以及其影响的程度，在 DEA 的分析中就衍生出一种被称为"两步法"（Two-Stage Method）的方法。在此方法中，第一步先通过 DEA 模型评估出决策单元的效率值；第二步做效率值（因变量）对各种环境因素的回归，并由自变量的系数判断环境因素对效率值的影响方向与影响强度。但是，由于由 DEA 模型确定的效率值（自变量）被限制大于 0 的正值，此时若用普通最小二乘法对模型直接回归，参数估计值会产生偏向于 0 的情形（Greene，1981）。为解决这一类问题，Tobin 于 1958 年提出了截取回归模型（Censored Regression Model），又称为"Tobit 模型"。面板形式的

Tobit 模型如式(5-2)所示。

$$\begin{cases} y_{it}^* = \beta x_{it} + \varepsilon_{it} \\ y_{it} = y_{it}^* \, (\text{if } y_{it}^* > 0) \\ y_{it} = 0 \, (\text{if } y_{it}^* \leq 0) \end{cases} \quad (5-2)$$

此处 $it_\varepsilon \sim N(0, \sigma^2)$，$\beta$ 为回归参数向量，x_{it} 为自变量，y_{it}^* 为潜变量，y_{it} 为效率值向量。Tobit 模型的一个重要特征即是解释变量 x_{it} 取实际观测值，而被解释变量 y_{it}^* 只能以受限制的方式被观测到。当 $y_{it}^* > 0$ 时，"无限制"观测值均取实际的观测值；当 $y_{it}^* \leq 0$ 时，"受限"观测值均截取为 0。可以证明，用最大似然法估计出 Tobit 模型的 β 和 σ^2 是一致估计量。

二、数据与变量

公共图书馆效率的空间分异是内部影响力和外部影响力共同作用的结果。其中，内部影响力主要来源于公共图书馆本身，包括人才推动力、设施支撑力和活动激发力；外部影响力是指与公共图书馆外界环境相关的，主要包括经济驱动力、政府保障力和社会促进力等。本章将重点考察以下几个方面对公共图书馆效率的作用机制：①人才推动力对效率的影响；②设施支撑力对效率的影响；③经济驱动力对效率的影响；④政府保障力对效率的影响；⑤社会促进力对效率的影响。下面即对这几项因素逐一进行分析。

1. 人才推动力对效率的影响

人才队伍建设是提升公共图书馆效率的重要推动力，能为公共图书馆发展注入持续动力。《中国文化文物统计年鉴》显示，截至 2019 年，全国共有公共图书馆人员 57796 人，其中高级职称人员占 12.1%，中级职称人员占 32.1%。人才推动力对公共图书馆效率的提升作用日益显现出来，符合当前国家所提出的要深入推进实施人才强国战略。

在公共图书馆中，图书馆馆员作为其中最具价值的一项重要资源，其综合素质水平直接影响着图书馆向读者提供的服务质量，并且对公共图书馆自身的发展有着深远的影响。在新时期下，公共图书馆面临着发展转型的现实问题，其一大关键点便在于实现图书馆服务的有效创新。在此过程中，通过不断提升图书馆馆员的素质，培养并提高其自身专业技能、职业素养以及人文精神，使图书馆馆员可以主动形成良好的服务意识，有助于增强图书馆的人文色彩，达到提高图书馆服务质量水平的效果。因此，以从事公共图书馆的专业技术人才数量为表征指标，其数据可从历年《中国文化文物统计年鉴》(2013~2022年)中直接获得。

2. 设施支撑力对效率的影响

设施网络是支撑公共图书馆发展的基础，只有基础设施配套完善，公共图书馆才能更好地为公众提供服务。《中国文化文物统计年鉴》显示，截至2019年，全国平均每万人拥有公共图书馆面积121.4平方米，计算机台数较2006年增加了近3倍，电子阅览室终端数增长了约3.9倍。进入21世纪，网络化、数字化的信息革命从根本上推动了图书馆的发展进程，计算机日益成为公共图书馆的主要设备，以公共图书馆电子阅览室终端数来表示图书馆电子化程度。

公共图书馆的馆舍是开展各项服务的基础，很多省份的馆舍面积在2011~2015年都在不断增加，然而图书馆的馆舍面积究竟对其技术效率产生何种影响呢？带着这一疑问，将设定每万人拥有的公共图书馆面积作为自变量，探究馆舍面积对公共图书馆效率的影响。

3. 经济驱动力对效率的影响

区域经济越发达，对公共文化服务的需求就会越高，而公共图书馆作为公共文化服务体系的重要组成部分，由此促使公共图书馆必须加快发展。一是区域经济的发展加快了社会进步，促进了社会信息需求的增长，而迫切的信息需求与供给矛盾是公共图书馆发展的推动力。图书馆面对不同读者群体的信息需求，除了能够提供基本的检索、查阅服务，还应该拓展读者获取文献资料的平台，包括专业性文献、外文文献的查询服务及馆际互借服务等。二是公共图书馆作为信息资源的载体，承担着传播公共知识和信息、开发智力资源的重要职能，这就要求政府部门加大对公共图书馆的投入，对图书馆的发展提供强有力的经济支撑。例如，扩大图书馆馆舍面积以容纳更多图书与报纸、期刊；增加功能场馆的数量以排除老人儿童的阅读障碍；增加社区图书馆数量以方便群众就近阅读等。

"十四五"规划提出公共图书馆作为公共服务机构资源数字化的重要载体，对推动区域经济协调发展具有重要的作用。与此同时，经济发展使政府的公共图书馆财政支出增大，两者相互关联；一个地区经济发展水平的高低直接关乎着公共图书馆的服务体制和技术条件。针对这一现状，经济发展水平是衡量一个地区综合实力状况的关键指标，也是政府供给公共图书馆服务的物质基础，这里选用人均 GDP 作为经济发展水平的代理指标。

4. 政府保障力对效率的影响

政府的宏观决策和行为特征是提升公共图书馆服务的重要保障力量。《中华人民共和国公共文化服务保障法》《中华人民共和国公共图书馆法》的出台，使公共图书馆发展进入新时代。除政策保障外，财政投入也可以直接反映一个地区政府的重视程度。根据《中国文化文物统计年鉴》，截至2019 年，我国文化事业费达 1065.02 亿元，比 2018 年增加了 136.7 亿元，由此可以看出国家对文化事业的高度重视。

另外，本章试图将我国公共图书馆的公平和效率问题纳入统一的实证分析框架，考察随着时间推移二者是否存在马太效应，比较我国公共图书馆长期不公和长期低效率问题谁更严重，以分析当前是地区间公共图书馆的公平问题还是效率问题更应该优先被调节，从而为政府指出当前应调节的重点。据此，以各地区公共图书馆财政拨款收入来衡量地区间公共图书馆公平情况，并检验公共图书馆公平问题是否存在以及对公共图书馆效率产生何种影响。

5. 社会促进力对效率的影响

文明程度和人口规模对公共图书馆效率也有重要影响。文明程度的提高是一个长期的过程，高的文明程度象征着高层次、高水平、深程度的地区经济发展水平，可以间接反映出公众对公共图书馆的重视程度。根据《中国文化文物统计年鉴》，截至 2019 年，全国居民平均受教育年限为 9.5年，比 2006 年增长了 1.48 年，群众的文化素养显著提升。当然，众所周知，教育系统是一个复杂、有机的统一体，教育作为社会生态系统中的重要环节，也势必与其他环节相互影响，其中公共图书馆的其中一个职能就是教育职能，因此，以普通高等学校本科在校学生数表示受教育程度。

值得注意的是，公共图书馆高质量发展的突破口始终是满足人民群众日益增长的精神文化需求，关注人口因素对公共图书馆事业的发展至关重要，当前关注公共图书馆事业发展与人口环境的实证研究相对不足，本章采用各地区的年末常住人口来表征人口规模解释变量。

由于各地区经济发展水平、居民文化素养水平和当地政府对公共数字文化服务供给重视程度的不同，本章仅对 2011~2020 年我国 31 个省份进行测算分析，所用到投入产出数据均来自历年《中国统计年鉴》《中国文化文物统计年鉴》以及《中国图书馆统计年鉴》；影响因素分析中涉及的所有变量数据主要来自历年《中国统计年鉴》和《中国文化文物统计年鉴》。

三、实证分析

（一）公共图书馆效率马尔可夫链结果

原始数据来自 2012~2021 年各期的《中国统计年鉴》和《中国文化文物统计年鉴》。对于投入产出指标的选择，产出指标依然选择公共图书馆总流通人次、公共图书馆累计发放有效借书证数、公共图书馆书刊文献外借册次和公共图书馆参观展览人，而投入指标为公共图书馆总藏量、从业人员、公共图书馆阅览室坐席数和公共图书馆总支出。这些指标的选择及处理与第四章相同，此处不再赘述。

此外，基于超效率 DEA 模型测度我国 31 个省份的公共图书馆效率的结果，检验我国区域公共图书馆效率是否存在等级马太效应。首先，考察我国区域公共图书馆效率是否存在等级固化现象，进一步观测其是否随时间推移而逐渐加剧，如果效率高低水平阵营固化现象显著且随时间推移程度不断加剧，则表明公共图书馆效率存在等级马太效应现象。不同于 1 年时长下的马尔可夫转移概率矩阵，表 5-1 给出了我国公共图书馆效率在时长 1~4 年情形下的转移概率矩阵，以全面刻画高低水平地区在不同时长下的转移情况，精确检测我国地区公共图书馆服务资源配置的等级固化情况。同时，为了对比公平与效率的内部转移特征，借鉴已有研究成果，选用我国公共图书馆财政拨款的标准化值衡量公共图书馆发展的公平性。

表5-1　我国地区公共图书馆效率的马尔可夫概率矩阵

时长	类型	公共图书馆效率					公共图书馆财政投入公平指数				
		低	中低	中高	高	n	低	中低	中高	高	n
t=1	低	0.841	0.143	0.016	0.000	63	0.743	0.243	0.014	0.000	74
	中低	0.221	0.574	0.206	0.000	68	0.027	0.685	0.274	0.014	73
	中高	0.014	0.274	0.479	0.233	73	0.000	0.092	0.754	0.154	65
	高	0.013	0.040	0.253	0.693	75	0.000	0.000	0.060	0.940	67
t=2	低	0.786	0.214	0.000	0.000	56	0.557	0.443	0.000	0.000	70
	中低	0.267	0.500	0.183	0.050	60	0.014	0.536	0.420	0.029	69
	中高	0.078	0.281	0.469	0.172	64	0.000	0.019	0.685	0.296	54
	高	0.015	0.059	0.309	0.618	68	0.000	0.000	0.055	0.945	55
t=3	低	0.755	0.245	0.000	0.000	49	0.455	0.485	0.045	0.015	66
	中低	0.346	0.442	0.192	0.019	52	0.016	0.355	0.597	0.032	62
	中高	0.056	0.315	0.463	0.167	54	0.000	0.043	0.500	0.457	46
	高	0.048	0.065	0.306	0.581	62	0.000	0.047	0.953		43
t=4	低	0.756	0.195	0.049	0.000	41	0.403	0.403	0.177	0.016	62
	中低	0.318	0.523	0.159	0.000	44	0.018	0.268	0.607	0.107	56
	中高	0.106	0.277	0.404	0.213	47	0.000	0.028	0.361	0.611	36
	高	0.056	0.074	0.370	0.500	54	0.000	0.000	0.031	0.969	32

表5-1中各矩阵对角线右下角和左上角数值分别表示在考察期内经过不同时间跨度后高水平地区维持在高水平、低水平地区依然停留在低水平的概率。从我国公共图书馆效率分布情况来看，高水平地区和低水平地区相对位置稳定，存在趋同现象。如当年公共图书馆效率处于低水平和高水平地区，1 年后依然位于低水平和高水平地区的概率分别为 84.1% 和 69.3%；随着时间推移，其固化程度有所下降，概率分别降至 75.6% 和 50%。与此同时，公共图书馆效率的中低水平和中高水平阵营固化现象也同样存在。如公共图书馆效率处于中低水平和中高水平地区 1 年后有 57.4% 和 47.9% 的地区保持不变，而 2 ~ 4 年后其概率分别为 50%、44.2%、52.3% 以及 46.9%、46.3% 和 40.4%。可见，即使经过 4 年时间，

我国公共图书馆效率仍呈现高低水平阵营固化现象。具体地说，在时长为1~4年的公共图书馆效率高低水平阵营固化概率明显大于其他水平阵营，这也表明我国公共图书馆效率存在马太效应现象，只是区域马太效应随时间推移而变强趋势并不显著；表明了低水平区域想实现跨越式发展成为高水平地区难度较大，但通过采用现代化数字技术，拓展创新丰富服务内容和方式依然可以实现效能突破。

公共图书馆财政投入公平指数的马太效应却并不显著。例如，从低到高4种类型的地区1年后状态不变的概率分别为74.3%、68.5%、75.4%和94%；4年后状态不变的概率分别为40.3%、26.8%、36.1%和96.9%。由此可见，我国公共图书馆财政拨款投入的区域非均等化问题并不凸显，表现为"高者愈高，低者并不愈低"，这种现象对公共图书馆效率究竟产生杠杆效应还是挤出效应，接下来将深入公共图书馆效率的驱动机制分析。

(二)我国公共图书馆效率的影响因素分析

归纳已有学者围绕公共图书馆效率的影响因素相关研究，绝大部分都是从各地区受教育水平、财政拨款、人均可支配收入、城市化率等外部因素进行选取和分析。本章将结合"十三五"时期全国公共图书馆事业发展核心指标，延伸拓展影响因素的范围，重点从内部因素和外部因素两个方面(人才、经济、社会、政府、设施等)综合考察对公共图书馆效率的作用力度和方向。

将基于超效率模型测度的各个省际的公共图书馆效率(SUPER)作为被解释变量，内部因素和外部因素作为解释变量，构建以下计量回归模型：

$$SUPER = \partial_0 + \partial_1 X_1 + \partial_2 X_2 + \partial_3 X_3 + \partial_4 X_4 + \partial_5 X_5 + \partial_6 X_6 + \partial_7 X_7 + \varepsilon_i \quad (5-3)$$

在式(5-3)中，ε_i为随机扰动项，∂_0、∂_1、∂_2、$\cdots$、∂_7为待评估系数，X_1、X_2、X_3、$\cdots$、X_7分别表示公共图书馆电子化程度、专业技术人才数量、公平指数、每万人拥有的公共图书馆面积、人均GDP、受教育程度以及人口规模，得到我国公共图书馆效率影响因素的作用结果如表5-2所示。

表 5-2　影响因素的系数估计结果

变量	指标	系数估计值	Std. err	t	p>|t|
内部因素	公共图书馆电子化程度	−0.0000567 **	0.0000294	−1.93	0.054
	专业技术人才	0.0001877 **	0.000079	2.37	0.018
	公平指数	8.75e−07	1.49e−06	0.59	0.558
	每万人拥有的公共图书馆面积	−0.003895	0.0008686	−0.45	0.654
外部因素	人均 GDP	7.50e−06 ***	1.80e−06	4.17	0.000
	受教育程度	−0.0064456 ***	0.0023789	−2.71	0.007
	人口规模	0.0001154 ***	0.0000288	4.01	0.000

注：*、**、*** 分别表示在 10%、5% 和 1% 的水平上显著。

从表 5-2 中的计量结果数据，可以分析得到以下结论：

从内部影响因素来看，虽然公平指数方向上与公共图书馆效率一致，但是显著性很低。说明公共图书馆的财政拨款对公共图书馆效率具有正向影响，只是作用力度较弱，也可以认为，公平指数与公共图书馆效率的关联性不大，侧面印证了公共图书馆公平问题的马太效应和区域非均等化问题并不突出。

专业技术人才与公共图书馆效率的回归系数在 5% 的水平上显著为正且相关，说明专业技术人才队伍的壮大有益于公共图书馆效率的提升。随着现代技术手段的升级、用户需求的多样性以及图书馆服务方式的改变，无疑对图书馆专业技术人员的业务素质提出了更高的要求，公共图书馆在注重本馆馆员的潜能挖掘和业务培训的同时，也需要不断注入具有知识服务内涵的新鲜血液。

公共图书馆电子化程度对公共图书馆效率并未产生积极影响，反映出公共图书馆的硬件设备与其服务效能之间并不匹配，甚至成为阻碍服务效能改善的瓶颈。因此，公共图书馆服务模式的拓展，亟须重视馆内的信息化设备建设，向数字图书馆乃至智慧图书馆不断迈进。

每万人拥有馆舍面积的增加却对公共图书馆效率起到了负向作用，但回归系数并没有通过 10% 的显著性水平检验，这说明公共图书馆馆舍面积对其效率影响并不显著。根据统计显示，2016~2020 年公共图书馆的馆舍面积大幅度增加，但是相应年份的公共图书馆效率在整体上并没有出现上升趋势，表明公共图书馆的馆舍面积没有对服务效率产生正面作用。究其原因，馆舍面积的增长伴随着公共图书馆支出经费和从业人员等各类资源投入的增加，而某一区域内公共图书馆面向的读者群体以及潜在的读者数量在短期内也不会发生太大的变化。

从外部影响因素来看，受教育程度与公共图书馆效率的关系回归系数在1%的水平上显著且为负相关，这似乎与常理相悖，然而深入分析其原因便不难解释了。因为本书选取的受教育程度的代理指标为普通高等学校本科在校学生数，与公共图书馆相比，大学生群体使用频次更高必定是来自高校图书馆的馆藏资源。但这一结果也引发了新一轮的思考：在"互联网+"时代下公共图书馆服务如何创新才能吸引更多的大学生群体走进公共图书馆？毕竟公共图书馆相较于高校图书馆在阅读推广模式上是具有一定优势的。

从人口因素来看，用地区人口数量表示，与公共图书馆效率呈显著正相关，这表明地区人口数量越多，公共图书馆服务的对象也会随之增多，从而公共图书馆效率也越高。公共图书馆效率较高的省份主要集中在我国的东部，这些区域的人口规模也相对较大。

人均GDP与公共图书馆效率的回归系数通过1%的显著性水平检验，表明了人均GDP与公共图书馆效率之间具有强作用且为正相关，这反映了当地经济越发达，该地区的公共图书馆效率越高。一方面，经济发达的地区居民物质生活优越，催生了大量对知识渴求的读者；另一方面，为公共图书馆提供了友好的发展政策和先进的基础设施，这些都促使公共图书馆效率得到更好的发挥。同时，这与上文中西部公共图书馆效率<中部公共图书馆效率<东部公共图书馆效率的结论相吻合。

四、本章小结

已有文献较少从此视角考察公共图书馆资源配置合理性及其影响机制。基于此，本章尝试作进一步拓展：从等级角度检验公共图书馆资源配置的马太效应；基于内部因素和外部因素两个方面综合分析影响我国公共图书馆效率的驱动机制，探寻改善公共图书馆投入产出配置优化的主要路径和影响因子。

　　基于本书第四章中收集的 2011～2020 年中国 31 个省份的公共图书馆投入产出面板数据，运用传统 DEA 模型和超效率 DEA 模型测评的公共图书馆效率值，本章进一步利用马尔可夫链模型检验公共图书馆效率的等级马太效应，在此基础上构建传统的回归计量模型从内部因素和外部因素两个方面深入解读对公共图书馆效率的驱动机制。主要结论如下：

　　马尔可夫链模型考察发现我国公共图书馆财政投入公平指数的马太效应并不显著；而公共图书馆效率马太效应较为明显，但等级马太效应并不存在。将超效率 DEA 模型测度的公共图书馆效率值作为被解释变量，构建计量模型对公共图书馆效率的影响因素进行了分析，研究指出内部因素中专业技术人才与公共图书馆效率显著且为正向，电子化程度对公共图书馆效率产生了显著的负向影响，每万人拥有的公共图书馆面积与公共图书馆效率关系并不明朗。

　　在外部因素中人均 GDP 和人口规模与图书馆效率呈正向关系，受教育程度对图书馆效率并没有起到杠杆作用。值得一提的是，虽然内部因素中以财政拨款衡量的公平指数产生了正向影响但并不显著，表明公共图书馆的财政投入区域非均衡化已有缓和，政府在区域间发挥了其宏观调节职能。但传统的通过增加公共资源投入为主导的规模扩张方式来提升公共图书馆效率的模式已然不再适宜，其根本原因是公共图书馆服务效能的提升关键在于图书馆专业化服务能力与水平。

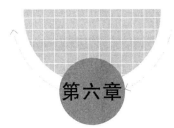

第六章

我国省际公共图书馆全要素生产率的测度

随着国家文化强国战略和建设现代公共文化服务体系国家目标的提出，政府公共文化财政投入的力度也不断加大。与此同时，公共文化事业取得了长足的发展。然而在发展过程中，也逐渐呈现出一些问题，尤其是文化机构的服务效益和效能不高这一现实问题，引起了学界的关注。与本书第五章主要考察我国公共图书馆的静态效率不同，本章更多地关注效率的动态变化情况。以往文献对公共图书馆静态效率的研究已取得了较为丰硕的成果（韩慧和李少惠，2022；孙晓明，2021；王婷和李少惠，2020；何盼盼等，2020），但对其动态效率的考察目前研究较少，这不利于全面揭示我国公共图书馆事业的发展状况。本章的研究有利于弥补这一不足，通过对动态效率的考察，不仅可以了解近年来我国公共图书馆效率的动态变化情况，而且可以借助相关分析工具测算出各地区公共图书馆的全要素生产率变化及技术进步情况，了解我国公共图书馆事业发展的动力来源，进而有针对性地增强补弱。

全要素生产率是宏观经济学的基本概念，是指除了投入资本、劳动等要素，由技术进步、管理水平、劳动力素质、要素使用效率等其他因素的改进与革新也会增加产出，一般以技术进步和效率改善为代表，反映了各生产要素的综合利用效能，体现了经济增长的质量和效益，是衡量传统要素驱动型经济和创新驱动型经济的指标，也是分析经济增长源泉的重要工具，尤其是政府制定长期可持续增长政策的重要依据。在新常态下，经济的可持续增长需要依靠全要素生产率的增长，同样公共文化机构也需要通过提高全要素生产率来提高服务效能，实现持续高效的发展。通过对公共文化机构全要素生产率进行研究可以分析公共文化机构生产力变化的特征及原因，进而提出有针对性的措施建议，提高公共文化机构的全要生产率，促进公共文化机构持续高效发展。

测算决策单元动态效率的方法依然可分为参数法和非参数法两大类。鉴于两种方法各具优劣，与第四章一样，本章仍旧运用非参数方法进行测算，对我国公共图书馆的发展状况有一个更加深入、准确的认识。

一、研究方法

随着新时代人民群众文化需求的日益广泛，公共图书馆在文化偏好表达、阅读推广、休闲普及等方面也发挥着重要的作用，不再仅限于简单的图书借阅功能，在此背景下，基于纵向视角分析公共图书馆效率的动态演变更具理论价值和现实意义，Malmquist 指数不仅可以显示考察期内公共图书馆投入产出的效率变化，而且能够反映效率变化的动力因素，这很好地契合了预考察的公共图书馆效率跨期动态演变问题，故本章运用 DEA-Malmquist 指数模型测度公共图书馆的全要素生产率并识别效率变化的动因。

介绍研究方法之前，需对技术效率变化、技术进步以及全要素生产率变化等概念予以辨析。第二章和第四章已经指出，技术效率为决策单元在等量要素投入下实际产出与最优产出之间的比率，比率越大，技术效率越高。而技术效率变化是实际产出与前沿面产出距离的不断变化。如果实际产出不断向前沿面靠近，表明技术效率改善；反之，则技术效率恶化。技术进步反映的是生产前沿面的移动状态，如果前沿面向外移动，则技术进步；反之技术退步。技术效率的变化与技术进步共同影响了全要素生产率的变化。借鉴王志刚等（2006）的研究，可用图 6-1 对上述概念予以辨析。

在图 6-1 中，横轴代表投入，纵轴代表产出（以一种投入与一种产出为例）。曲线 1 和曲线 2 分别代表不同技术水平下的生产前沿面。倘若曲线 1 向外移动到曲线 2，表明技术进步，反之技术退步。B 点和 C 点位于前沿面上，为技术有效点，而 A 点位于前沿面下方，为技术无效点，其无效程度可用该点与前沿面之间的距离衡量，距离越大，无效程度越高。全

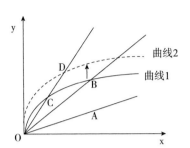

图 6-1　各种效率指标间的相互关系

要素生产率为产出与投入的比率，即从原点发出的射线，斜率越大，全要素生产率越高。如果决策单元从 A 点移动到 B 点，技术效率改善，同时全要素生产率提高；如果从 B 点移动到 C 点，技术效率没有变化，但全要素生产率得到提高；而从 A 点移动到 D 点，技术效率改善，同时技术进步，全要素生产率提高。下面针对 DEA-Malmuqist 方法做简单介绍。

　　数据包络分析是用于评估同类型决策单元相对有效性的线性数学规划方法。目前，DEA 方法被广泛运用到度量具有多项指标产出和多项指标投入的同类型部门的相对效率，其特点是度量效率时不必考虑投入产出权重系数与单位量纲等问题，因此适用于公共文化服务绩效问题评价研究。公共图书馆作为公共文化服务机构的重要组成部分，其效率本质上反映的是硬件设施、文献资源、人员和经费的投入转化为文化服务、社会教育、图书借阅等产出能力。经典的 DEA 模型以规模报酬不变（CCR）模型为主，Banker 通过构建规模报酬可变（BCC）模型，进一步将技术效率分解为规模效率和纯技术效率，但是以上这两种模型方法均不能观测样本效率的跨期动态变化轨迹。

　　Malmquist 指数（全要素生产率的增长率）由 Malmquist 于 1953 年提出，引入时间因素测算决策单元相对效率的动态变化情况。与全要素生产率的其他测算方法相比，Malmquist 生产率指数的优点主要有以下几点：第一，不需要相关的价格信息；第二，不需要特定的行为假设；第三，便于计算全要素生产率的变化；第四，可以用来处理面板数据，并将经济体的全要素生产率 Malmquist 指数分解为技术进步、技术效率、纯技术效率和规模效率的变化。

为了定义产出导向的测量全要素生产率变化的 Malmquist 指数，假设在 t=1，2，…，T 的每一时期，生产技术 S^t 将要素投入 $x^t(x^t \in R_+^N)$ 转化为产出 $y^t(y^t \in R_+^M)$，该生产技术可以表示为：

$$S^t = \{(x^t, y^t)：x^t \text{ 可以生产 } y^t\} \tag{6-1}$$

在式（6-1）中，S^t 为生产可能性集合，是所有可行的投入产出向量的集合，其中每一给定投入下的最大产出子集为生产技术的前沿。由于在多产出的情形下，可能无法得到产出距离函数的最小值，这时可以使用"下确界"（inf）来替代最小值，此时相对于生产技术前沿，t 时期的产出距离函数可以表示为：

$$D_0^t(x^t, y^t) = \inf\{\theta：(x^t, y^t) \in S^t\} = (\sup\{\theta：(x^t, y^t) \in S^t\})^{-1} \tag{6-2}$$

在式（6-2）中，给定投入 x^t 时产出向量 y^t 最大比例扩张的倒数。对于 $(x^t, y^t) \in S^t$，$D_0^t(x^t, y^t) \leqslant 1$。当且仅当 (x^t, y^t) 位于生产技术前沿边界时，$D_0^t(x^t, y^t) = 1$，这种情况下生产是最有效率的，也就是在给定投入下实现最大产出。为了定义 Malmquist 指数，还需要定义一个含有两个不同时期的距离函数：

$$D_0^t(x^{t+1}, y^{t+1}) = \inf\{\theta：(x^{t+1}, y^{t+1})/\theta\} \in S^t \tag{6-3}$$

在式（6-3）中，t 时期的技术水平下，给定 t+1 时期可行的投入产出 (x^{t+1}, y^{t+1}) 的最大比例变化。同样，可以定义类似的距离函数 $D_0^{t+1}(x^t, y^t)$，它给出了在 t+1 时期的技术水平下，给定 t 时期可行的投入产出 (x^t, y^t) 的最大比例变化。

以 t 时期技术为参照的 Malmquist 指数就可以表示为：

$$M_0 = \frac{D_0^t(x^{t+1}, y^{t+1})}{D_0^t(x^t, y^t)} \tag{6-4}$$

在式（6-3）中，测度了在 t 时期的技术条件下，从 t 到 t+1 时期技术效率的变化。类似地，以 t+1 时期技术为参照的 Malmquist 指数可以表示为：

$$M_0 = \frac{D_0^{t+1}(x^{t+1}, y^{t+1})}{D_0^{t+1}(x^t, y^t)} \tag{6-5}$$

因此，以不同时期作为参照，可以定义不同的 Malmquist 指数。为了避免时期选择的随意性可能导致的差异，用上述两个 Malmquist 指数的几何平均值作为产出导向的全要素生产率指数。该指数大于 1 时，表明从 t 时期到 t+1 时期全要素生产率是增长的：

$$M_0(x^{t+1}, y^{t+1}, x^t, y^t) = \left[\frac{D_0^{t+1}(x^{t+1}, y^{t+1}) D_0^{t+1}(x^{t+1}, y^{t+1})}{D_0^t(x^t, y^t) \quad D_0^{t+1}(x^t, y^t)}\right]^{\frac{1}{2}} \quad (6\text{-}6)$$

式(6-6)可以变换为：

$$M_0(x^{t+1}, y^{t+1}, x^t, y^t) = \frac{D_0^{t+1}(x^{t+1}, y^{t+1})}{D_0^t(x^t, y^t)} \times \left[\frac{D_0^t(x^{t+1}, y^{t+1}) \quad D_0^t(x^t, y^t)}{D_0^{t+1}(x^{t+1}, y^{t+1}) D_0^{t+1}(x^t, y^t)}\right]^{\frac{1}{2}}$$

$$= EC \times TC$$

$$(6\text{-}7)$$

在式(6-7)中，Malmquist 指数被分解为两部分，分别是生产率变化中的相对技术效率变化(EC)和技术进步的变化(TC)。其中，D 为不同时期的效率值，y 和 x 分别为实际产出和要素投入。M 为 Malmquist 生产率指数，将其与 1 作比较：若等于 1，则代表效率值不发生改变；若小于 1，则代表效率值随时间推移而逐渐减小；若大于 1，则代表效率值随时间推移而变大。EC 是规模报酬不变且要素自由处置条件下的相对相率变化指数，它刻画了从 t 到 t+1 时期每个生产单元对生产前沿边界的追赶，体现水平效应或追赶效应。EC>1 表示生产单元的生产更接近生产前沿边界，相对技术效率有所提高；反之表示技术效率下降。TC 是技术进步指数，它测度了从 t 到 t+1 时期技术边界的移动，对应着增长效应。TC>1 表示技术进步；反之，表示技术衰退。当对应规模报酬可变生产前沿时，技术效率变化指数还可进一步分解为纯技术效率变化(PC)和规模效率变化(SC)。纯技术效率反映生产单元利用现有投入生产相应产出的能力，规模效率反映生产单元达到技术最优生产规模的能力。

Malmquist 指数的四个距离函数可使用非参数数学规划的数据包络分析(DEA)技术进行计算。假设有 k = 1，…，K，K 个决策单元，在每一个时期 t=1，…，T，使用投入 $x_n^{k,t}$(n=1，…，N)，生产产出 $y_m^{k,t}$(m=1，…，M)。每个投入产出的观测值严格为正，并且每个时期的观测值数量保持不变。t 时期的参照技术(前沿技术)通过数据可以构建为：

$$S^t = \left\{(x^t, y^t): y_m^t \leqslant \sum_{k=1}^K Z^{k,t} y_m^{k,t}; \sum_{k=1}^K Z^{k,t} x_n^t; Z^{k,t} \geqslant 0\right\} \quad (6\text{-}8)$$

在式(6-8)中，$Z^{k,t}$表示第 k 个样本观测值的权重。这个生产技术具有规模报酬不变和强要素自由处置性质，因为技术效率是距离函数的倒数。所以，技术效率的求解就转化为对距离函数倒数的解。为了估算决策单元 k' 在时期 t 和时期 t+1 之间的生产率变化，需要求解四个线性规划问题：$D_0^{t+1}(x^{t+1}, y^{t+1})$、$D_0^t(x^t, y^t)$、$D_0^{t+1}(x^t, y^t)$、$D_0^t(x^{t+1}, y^{t+1})$。对于 $k'=1, \cdots, K$，K 个决策单元，$D_0^t(x^t, y^t)$ 可以通过下面的规划解出：

$$(D_0^t(x^{k', t}, y^{k', t})) - 1 = \max \theta^{k'}$$

$$s.t. \ \theta^{k'} y_m^{k', t} \leqslant \sum_{k=1}^{K} z^{k, t} y_m^{k, t} \quad m = 1, \cdots, M$$

$$\sum_{k=1}^{K} z^{k, t} x_n^{k, t} \leqslant x_n^{k', t} \quad n = 1, \cdots, N$$

$$z^{k, t} \geqslant 0 \quad K = 1, \cdots, K \tag{6-9}$$

类似地，可以写出其他距离函数 $D_0^{t+1}(x^{t+1}, y^{t+1})$、$D_0^t(x^{t+1}, y^{t+1})$、$D_0^{t+1}(x^t, y^t)$ 的线性规划。

二、数据与变量

(一)指标体系构建

评价指标在研究分析中至关重要，从不同角度选取指标，对研究对象测度结果有极大影响，研究结论也不尽相同。因此，本章选取公共图书馆全要素生产率评价指标遵循针对性、代表性、可获取性原则：①针对性。参考以往学者的研究经验，并结合公共图书馆行业特征，有针对性地选取指标，更加科学合理。②代表性。综合选取体现研究对象本质特征和内在联系的指标，突出重点影响因素，提高结果的准确性和全面性，以此代表行业整体现状。③可获取性。定量分析需要大量数据作为研究支撑，并且为了能够横向和纵向多角度全面分析，需要在同一特定范围内收集数据，这就要求指标要兼具方便获取性和准确完整性。

对于公共图书馆效率评价指标体系构建，现有研究有很多不同的做法。本书在第二章内容中详细地进行了梳理与总结，在此不再赘述，这些研究为本章指标采选提供了理论基础。2017 年《关于开展第六次全国县级以上公共图书馆评估定级工作的通知》明确了各级公共图书馆评估标准包括服务效能、业务建设和保障条件三个部分，其中服务效能包括公众满意度、社会教育活动、图书借阅服务等方面；业务建设包括公共文化服务建设、人才培养、馆藏管理等内容；保障条件包括规章制度、硬件设施、资金投入和图书馆人员等方面。本章选择评估标准中反映投入水平的保障条件作为投入指标，以及反映产出效果的服务效能作为产出指标，同时考虑到数据的可获取性和操作性，最终确定本章的 5 个投入指标和 4 个产出指标，具体如表 6-1 所示。

表 6-1　公共图书馆全要素生产率（发展效率）投入产出指标

指标项目	指标名称	单位	指标内涵
投入指标	阅览室坐席数	万个	实际使用设施保障
	总藏量	万件册	文献资源保障
	公共图书馆总支出	万元	经费保障
	计算机	台	信息基础设施保障
	从业人员	人	人员保障
产出指标	总流通人次	万人次	基本服务
	书刊文献外借册次	万册次	基本服务
	公共图书馆参加培训人次	万人次	文化服务
	参观展览人次	万人次	文化服务

（二）数据来源与说明

鉴于数据的完整性和可得性，实证研究样本范畴依旧并不包含港澳台地区，为我国 31 个省份，时间跨度为 2011～2020 年。本章涉及的投入、产出变量数据均来源于《中国文化文物统计年鉴》（2012～2021 年）、《中国统计年鉴》（2012～2021 年）、各地方统计年鉴以及相关网站；影响因素分析中所涉及的变量数据来自《中国文化文物统计年鉴》（2012～2021 年）和

《中国统计年鉴》(2012~2021年)。采用加权平均法补全研究中所缺失的数据。

需要补充说明的是,本章所使用公共图书馆全要素生产率(发展效率)投入指标的数据和变量与第四章测算静态效率时基本相同,但为了丰富本章的研究内容和结论,投入指标和产出指标进行补充和部分调整,可以更大程度地体现公共图书馆在现代公共文化服务体系中所承担的文化娱乐休闲和科普知识宣传等功能。为保持上下文逻辑上的连贯性与完整性,刻画我国公共图书馆全要素生产率的区域差异,延续前文的做法,将全国分为西部、中部和东部三大区域(西部地区包括内蒙古、四川、重庆、贵州、云南、西藏、陕西、甘肃、青海、宁夏、新疆、广西;中部地区包括山西、黑龙江、安徽、江西、河南、湖北、湖南;东部地区包括上海、江苏、河北、北京、天津、浙江、福建、山东、广东、海南、辽宁)。

三、结果分析

根据我国31个省份公共图书馆投入产出面板数据,应用 DEA – Malmquist 生产率指数,采用 DEAP2.1软件,得到2011~2020年我国各省份公共图书馆全要素生产率及其分解的逐年变动情况,并将各省份的结果平均后得到我国公共图书馆全要素生产率的总体增长情况。将数值1与技术进步指数和技术效率指数作比较可以判定不同的变化趋势。其中,若技术进步指数的数值大于1,可以将其看作一种外生变量的作用结果,意味着公共图书馆的技术水平或资源设备的提高引发的技术创新有所突破;反之,若数值小于1,表明各自对应水平所有下降。若技术效率指数大于1意味着效率提升大概率是源自综合管理水平进步,它反映出更多的试图在机制层面上揭示限定资源的前提下投入产出的配置效率。技术效率指数可以进一步分解为规模效率指数和纯技术效率指数的乘积,规模效率指数小于1表明公共图书馆背离最优投入产出规模,反之表明向最佳投入产出规模靠拢。纯技术效率大于1则代表着纯公共图书馆服务或管理水平提升,反之则表示指标对应的效率恶化。

（一）我国公共图书馆行业全要素生产率增长

表6-2列出了2011～2020年我国公共图书馆行业全要素生产率的Malmquist指数及其分解结果。可以看出，2011～2020年公共图书馆行业全要素生产率的平均增长率为-3.50%。将Malmquist指数分解为技术效率变化和技术进步指数两个部分，技术进步指数为0.995，表明技术进步率年均为-0.5%，这也反映出技术进步并不是全要素生产率增长的源泉。技术效率指数为0.970，表明效率年均下降3%，其中，纯技术效率年均下降为0.5%，规模效率年均下降2.5%，这个结果与以往关于公共图书馆行业全要素生产率的实证研究相比不乐观。王家庭和李海燕（2013）基于Malmquist指数研究全要素生产率（TFP）变化情况，研究我国30个省份2006～2010年图书馆业的TFP变化情况，发现2006～2010年我国图书馆TFP上升2.1%，主要来自技术效率的提升。傅才武和张伟锋（2018）借助DEA-Malmquist分析模型，利用2011～2016年省域面板数据，对我国公共图书馆全要素生产率进行实证研究，结果显示，2011～2016年全要素生产率指数为1.032，表明2011～2016年我国公共图书馆全要素生产率年均增长3.2%。导致我国公共图书馆行业全要素生产率增长缓慢的主要原因是低水平的效率状况和技术水平，虽然技术效率和技术进步都对公共图书馆全要素生产率增长起到一定的作用，但两者都没有表现出正向的增长速度。我国公共图书馆行业发展没有充分挖掘出现有资源和技术的潜力，导致效率水平较低。效率提升不足和现有组织、管理体制中的激励机制不够完善有关，从而无法挖掘现有技术潜力；同时，技术创新和技术进步不显著，从而技术水平不高。由于我国公共图书馆智慧化建设起步较晚，技术创新能力不强，而且众多中小公共图书馆缺乏足够的资金和实力，导致公共图书馆的技术水平和创新能力不强。因此，通过效率的改善和技术的提升，我国公共图书馆行业增长还有很大空间。

从全要素生产率指数分解来看，2011～2012年技术在退步（下降1.4%），可见2011～2012年我国公共图书馆全要素生产率增长4.4%来源于效率的改善（效率增长5.9%）；2013～2014年、2014～2015年、2015～2016年和2016～2017年，技术进步指数均大于1，而效率变动指数除

2011～2012 年、2012～2013 年、2013～2014 年和 2017～2018 年高于 1 之外，其他年份均低于 1。可见 2014～2017 年，我国公共图书馆全要素生产率持续增长的源泉是技术进步。2013～2018 年，虽然全要素生产率指数始终大于 1，但是指数呈现波动下降趋势，表明全要素生产率增速持续变缓，由 2013～2014 年 6.5% 的增长率逐渐下降到 2017～2018 年的 4.1%。

表 6-2　2011～2020 年省际公共图书馆历年平均 Malmquist 生产率指数及其分解

年份＼指数	技术效率指数（Effch）	技术进步指数（Techch）	纯技术效率指数（Pech）	规模效率指数（Sech）	Malmquist生产率指数（Tfpch）
2011～2012	1.059	0.986	1.097	0.966	1.044
2012～2013	1.059	0.918	1.041	1.018	0.972
2013～2014	1.020	1.044	1.016	1.005	1.065
2014～2015	0.920	1.122	0.984	0.935	1.032
2015～2016	0.978	1.099	0.968	1.010	1.074
2016～2017	0.951	1.062	1.010	0.942	1.010
2017～2018	1.064	0.979	1.020	1.043	1.041
2018～2019	0.953	1.046	0.979	0.973	0.997
2019～2020	0.765	0.753	0.858	0.892	0.577
几何平均	0.970	0.995	0.995	0.975	0.965

注：表中指数均表示几何平均值，下同；指数减去 1 表示增长率。

按年份来看，2011～2012 年、2013～2014 年、2014～2015 年、2015～2016 年、2016～2017 年和 2017～2018 年全要素生产率指数都大于 1，表明这些年我国公共图书馆全要素生产率持续增长，反映出我国公共图书馆生产力水平不断提高。将技术效率指数进一步分解发现（见图 6-2），由于受到规模效率和纯技术效率的双重作用，技术效率指数呈现"正—负—正—负"的变化趋势，说明在考察期内我国公共图书馆资源配置的合理性亟待提高。另外，图 6-2 也印证了 2014～2017 年公共图书馆全要素生产率增长的主导力量源自技术进步，而非技术效率因素。

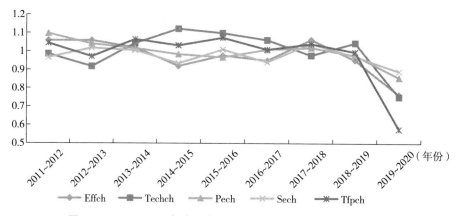

图 6-2　2011~2020 年我国省际公共图书馆的 TFP 及其分解情况

值得注意的是，2012~2014 年，纯技术效率变化指数和规模效率变化指数一直为正，表明所投入的生产要素的潜力不断被挖掘出来，其蕴含的规模经济效应也逐步被发掘，最终使公共图书馆实际产出逐渐逼近最大可能产出。这可能与国家开始重视公共文化机构事业发展，以及各种有利于生产率增长的体制、制度、组织等激励因素被充分释放出来有关。经历了这段时间的增长后，从 2018 年开始，公共图书馆全要素生产率出现了负增长。

（二）我国公共图书馆全要素生产率区域情况

图 6-3 为 2011~2020 年我国各区域公共图书馆全要素生产率指数及其分解结果。分区域看，东部地区、中部地区、西部地区公共图书馆行业的全要素生产率都为负增长，依次为-2.1%、-4.4%、-4.0%；技术效率方面，东部地区、中部地区、西部地区依次为-2.3%、-3.3%、-3.5%；东部地区、中部地区、西部地区纯技术效率指数的平均增长率分别是-0.09%、-1.1%、0.3%；而东部地区、中部地区、西部地区的规模效率分别以年均1.4%、2.2%和3.8%的速度下降。这说明三大区域公共图书馆行业还没有发展到一定的规模，难以发挥规模经济效应。

由此可见，全要素生产率的变化区域异质性较为显著。技术进步方面，东部地区呈现正增长，中部地区和西部地区呈现负增长，表明东部地区引领着生产前沿面的移动。相对于技术进步，三大地区技术效率变化的幅度较为明显，各地区均超过了 0.023，技术效率才是我国区域公共图书馆全要素生产率增长的关键。西部地区的规模效率变化率均值低于中部地区和东部地区，这表明西部地区公共图书馆的规模效率改善幅度要低于中部地区和东部地区。

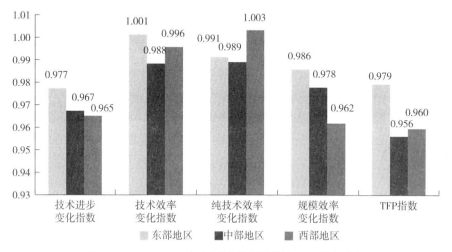

图 6-3　2011~2020 年各区域公共图书馆 TFP 及其分解

也就是说，我国东部地区、中部地区和西部地区的公共图书馆全要素生产率均值都呈现负增长，其中除了纯技术效率，东部地区的公共图书馆扮演着"领航者"的角色。但技术进步并不能弥补技术效率带来的负面影响，导致我国三大区域的公共图书馆全要素生产率都小于 1。通过比较规模效率和纯技术效率的结果，可以明显看出东部地区的纯技术效率高于规模效率，这表明东部地区公共图书馆发展效率优化面临着投入规模不合理的阻滞，中部地区和西部地区也存在同样的问题。由此可见，近年来，我国省际公共图书馆资源并未在最佳的规模上组织服务，其创新服务能力和管理水平亟待提高。

(三)我国公共图书馆全要素生产率分省情况

表 6-3 报告了我国各地区的公共图书馆全要素生产率增长指数、技术进步指数、技术效率变化指数、纯技术效率变化指数及规模效率变化指数。

表6-3　2011～2020年各地区公共图书馆全要素生产率增长指数及其分解指数均值

地区	技术效率（Techch）	技术进步（Effch）	纯技术效率（Pech）	规模效率（Sech）	TFP指数（Tfpch）
北京市	0.908	1.033	0.962	0.944	0.938
天津市	0.959	0.976	0.967	0.992	0.936
河北省	0.982	0.980	1.006	0.977	0.963
山西省	0.981	1.008	0.992	0.989	0.988
内蒙古自治区	1.012	0.971	1.025	0.988	0.983
辽宁省	1.005	1.005	1.011	0.994	1.010
吉林省	0.938	0.986	0.985	0.952	0.924
黑龙江省	0.907	0.990	0.985	0.921	0.898
上海市	0.918	0.942	0.939	0.977	0.865
江苏省	1.000	1.031	1.000	1.000	1.031
浙江省	1.000	1.042	1.000	1.000	1.042
安徽省	1.000	0.985	1.000	1.000	0.985
福建省	0.980	0.913	0.987	0.993	0.895
江西省	0.988	0.988	1.003	0.985	0.976
山东省	0.980	1.002	0.982	0.998	0.982
河南省	0.965	0.938	0.971	0.994	0.905
湖北省	0.963	0.975	0.977	0.985	0.939
湖南省	0.997	1.037	1.000	0.997	1.034
广东省	0.984	1.037	0.984	1.000	1.021
广西壮族自治区	0.928	1.017	0.946	0.981	0.944
海南省	1.035	1.053	1.067	0.970	1.090
重庆市	0.988	0.977	1.000	0.989	0.966
四川省	0.969	0.997	0.976	0.992	0.966
贵州省	1.050	0.956	1.058	0.992	1.004
云南省	0.955	0.992	0.968	0.987	0.947
西藏自治区	0.891	1.036	1.000	0.891	0.923

续表

地区	技术效率 （Techch）	技术进步 （Effch）	纯技术效率 （Pech）	规模效率 （Sech）	TFP 指数 （Tfpch）
陕西省	0.992	0.981	1.005	0.987	0.973
甘肃省	0.975	0.961	0.998	0.977	0.937
青海省	0.958	1.003	1.022	0.937	0.960
宁夏回族自治区	1.001	0.973	1.059	0.946	0.974
新疆维吾尔自治区	0.886	1.067	0.980	0.903	0.944
全国	0.970	0.995	0.995	0.975	0.965

进一步观察可知，全要素生产率进步的省份有辽宁（1%）、江苏（3.1%）、浙江（4.2%）、湖南（3.4%）、广东（2.1%）、海南（9%）、贵州（0.4%）；在公共图书馆全要素生产率出现倒退的 24 个省份中，下降幅度较大的有黑龙江（10.2%）、上海（13.5%）、河南（9.5%）、西藏（7.7%）、吉林（7.6%），其他 19 个地区的公共图书馆全要素生产率年均下降率均低于 7%。

从全要素生产率分解指数来看，13 个省份的技术进步指数均大于 1，表明中国政府加大对公共图书馆技术开发和引进力度，直接促进了这些省份公共图书馆的技术进步，推动了公共图书馆服务前沿面不断外移，即技术进步对全要素的增长有促进作用。其中增长较快的有北京（3.3%）、山西（0.8%）、辽宁（0.5%）、江苏（3.1%）、浙江（4.2%）、广东（3.7%）、山东（0.2%）、湖南（3.7%）、广西（1.7%）、海南（5.3%）、西藏（3.6%）、青海（0.3%）、新疆（6.7%），辽宁、浙江、江苏、湖南、广东、海南的公共图书馆整体全要素生产率年均上升。

就技术效率而言，内蒙古、辽宁、海南、贵州、宁夏的技术效率实现了正增长，分别增长了 1.2%、0.5%、3.5%、5% 和 0.1%，其余 26 个省份的技术效率均出现了不同程度的下降，其中西藏、北京、吉林、黑龙江、上海、云南、青海等的降幅较大，超过了 4%。在技术效率降幅较大的省份中，西藏、河北、江西、重庆、陕西和青海主要是由于规模效率下降制约了全要素生产率的提升，而其他地区的纯技术效率和规模效率是全要素生产率增长的共同短板。

就技术进步而言，出现技术进步指数均值大于1的省份表明，考察期内该省份的前沿技术不断进步；技术进步变化指数除北京、山西、辽宁、江苏、浙江、山东、湖南、广东、广西、海南、西藏、青海和新疆13个省份大于1外，其他省份均表现出不断退化的迹象。从全国整体来看，各项效率指数均有不同程度的下降，其中全要素生产率平均负增长0.035，导致负增长主要由于效率低下，平均负增长0.030，而技术进步指数的变化作用并不明显。此项结果意味着，我国公共图书馆的全要素生产率下降的原因来自两个方面，样本考察期内没有出现前沿面技术水平不断向外移动所带来的技术进步效应，也没有前沿面下方省份向前沿面不断靠近追赶的技术效率改善效应。

我国31个省份公共图书馆TFP的增长率及其分解的描述性统计特征如表6-4所示，可以更清楚地看到我国地区公共图书馆全要素生产率的测度结果，全要素生产率出现正增长的省份有7个，占样本总数的22.6%。其中出现正向技术进步变化的省份数量占比为41.9%，而技术效率改善的省份数量占比为16.1%，这也进一步引证了表6-2的结论，即技术进步是当前我国省际公共图书馆全要素生产率增长的主要动力。研究发现，同时具有技术进步和效率改善的发展特征的省份仅有2个，占样本总数的6.5%，由此判定我国省际公共图书馆全要素生产率的提升空间较大。

表 6-4　公共图书馆 TFP 增长率及其分解的描述性统计

指标名称	平均值	标准差	最小值	最大值	指数大于1的省份数量	有效的省份占比（%）
Effch	0.971	0.040	0.886	1.050	5	16.1
Techch	0.995	0.036	0.913	1.067	13	41.9
Pech	0.995	0.029	0.939	1.067	9	29.0
Sech	0.975	0.029	0.891	1.000	0	0
Tfpch	0.966	0.048	0.865	1.090	7	22.6
Effch 和 Techch	—	—	—	—	2	6.5

四、本章小结

第二章梳理了目前具有代表性国内学者的相关研究内容和方法，发现公共图书馆效率的研究可进一步挖掘：在省际层面分析公共图书馆效率时，较少样本全面覆盖"十二五"时期和"十三五"时期，"十二五"时期作为公共图书馆事业的战略时期，而"十三五"时期作为公共图书馆事业的转型时期，考察这两个时期我国公共图书馆效率变化状况，有助于推动公共文化服务体系建设的完善以及明确图书馆事业高质量发展方向。

据此，本章依然以我国31个省份的公共图书馆投入产出的面板数据为基础，2011年视为本章研究的时间基准点，涵盖整个"十三五"时期。选用总流通人次、书刊文献外借册次、公共图书馆参加培训人次、参观展览人次作为产出指标；览室坐席数、总藏量、公共图书馆总支出、计算机和从业人员作为投入指标，应用DEA-Malmquist指数方法实证分析了公共图书馆全要素生产率增长、技术进步及技术效率变化等情况。

从各年份的全要素生产率变化结果可以看出我国公共图书馆全要素生产率呈现曲折的上下波动型周期变化趋势，整体全要素生产率年均负增长3.5%，技术效率是阻碍全要素生产率增长的主要缘由。从变化趋势看，全要素生产率增长的时间变动呈现出一定的特点，受经济、体制、制度和环境等多种因素的影响，不同时期的特点也不尽相同。

从区域层面来看，公共图书馆全要素生产率增长存在显著的区域差异。三大区域的技术效率都处于下降状态，其中西部地区下降程度较为显著，年均下降3.5%，东部地区、中部地区分别下降2.3%、3.3%；三大区域的东部地区出现明显的技术进步，年均增长0.1%，可见技术进步是东部地区公共图书馆全要素生产率增长的主要动力源泉，平衡了技术效率下降而带来的制约全要素生产率增长的部分消极影响。在技术效率分解方面，西部区域的纯技术效率均呈现上升趋势，中部地区的纯技术效率下降较为明显，年均下降1.1%，并且东部和中部地区的纯技术效率和规模效率均阻碍了全要素生产率的增长，这两个指数均处于下降状态。在现代公共文化服务体系建设的政策中，公共图书馆承担着保障公民文化权利和丰富居民文化生活的重要职责，这决定了提供全覆盖、均等化的公共服务是对公共图书馆的基本要求。而现阶段我国各区域公共图书馆效率差异明显，要实现东部、中部、西部地区各级公共图书馆事业的均衡发展需确定不同的改革思路。

第七章

我国省际公共图书馆全要素
生产率的影响因素分析

公共图书馆如何做好顶层设计，围绕空间、管理、服务和资源等要素进行创新，赶上社会经济发展的速度，从这一维度来看，有必要展开我国公共图书馆的资源优化配置研究，以保障人民群众的基本文化权益。前文通过使用 DEA-Malmquist 指数模型，对我国各地区 2011~2020 年公共图书馆的效率从动态的角度进行全要素生产率指数的测算和评价。而由于地区公共图书馆效率即全要素生产率指数的高低不仅会受到地区公共图书馆内部自身发展与建设的影响，而且会受到外部环境对其的影响。因此，为了揭示影响我国 31 个省份公共图书馆效率变动的主要原因，以便其在以后的运营管理中更有针对性地建设，提高运营效率，本章分别从内部因素和外部环境因素两个方面分析影响我国公共图书馆全要素生产率指数的主要因素。

一、研究方法

(一)马尔可夫模型

本章依然采用马尔可夫链方法，对公共图书馆全要素生产率的内部区域间相对水平位置的动态演变及其转移的概率等进行分析。

(二)DEA-Tobit 两步法

为了进一步探讨公共图书馆全要素生产率受到哪些环境因素的影响，

本章依然选择1958年经济学家Tobit提出的Tobit模型进行实证推演，该模型针对被解释变量受到某种限制的回归模型进行分析，因此也称之为受限因变量模型或截取回归模型。DEA-Malmquist模型中测度的公共图书馆全要素生产率都为正值，相当于排除被解释变量小于0的可能性，DEA-Tobit模型可以较好地处理该类问题。本书的第五章也对该方法进行了详细阐述，在此不再赘述。

二、数据与变量

（一）解释变量的选取

从已有的文献来看，国内学者对公共图书馆效率的外部影响因素选取较为普遍，采用各地区教育水平、文盲率、城市化、经济发展水平等因素进行研究，本章对此进行了补充，从内部因素和外部因素两个维度对公共图书馆全要素生产率的作用机制进行考察。

选取影响公共图书馆发展效率的内部因素有：专业技术人才数量和每万人拥有公共图书馆面积。选取的依据为：①对公共图书馆承担知识服务提出更高的要求，其中最重要的是专业化的人才队伍建设。图书馆工作人员应当是具有综合能力的复合型人才，应当具有丰富的图书馆业务实践经验和信息获取、整合、挖掘的能力。除此之外，为了提供给读者更专业的服务和特色文化产品，工作人员同样需要有信息、文化产品的开发能力，良好的服务意识和沟通能力，活动组织和项目开发能力。拥有一批实践经验丰富、专业技术能力过关、服务创新积极性高涨的从业人员是推动公共图书馆全要素生产率提升的重要内部力量，据此以从事公共图书馆的专业技术人才数量作为表征指标。②为了不断满足人民群众对美好生活的需要，有数据显示"十二五"时期部分地区的公共图书馆馆舍面积持续增加，然而馆舍面积的增加对公共图书馆发展效率能产生多大的推动作用？"小馆舍，大服务"的发展规划是否可行？针对这一现状，本章将每万人拥有公共图书馆面积设为解释变量，分析其对发展效率的作用机制。

将公共图书馆全要素生产率的外部因素归纳为人口、文化、经济和信息化四个方面。公共图书馆事业属于社会公益性事业，公共图书馆建设隶属公共文化服务基础设施建设，地方政府将其纳入社会发展和当地经济总体规划，公共图书馆建设规模也应与区域服务人口数量相匹配，因此关注人口因素对公共图书馆事业发展至关重要，鉴于公共图书馆事业发展与人口环境实证研究相对不足，亟待翔实的数据支持，本章采用各地区的年末常住人口来表征人口规模这一解释变量。

随着经济进入新常态，公共文化服务体系建设的重心从重项目、重设施向重服务、重效率转移。具体来说，就是从过去由政府规划为主，向鼓励社会力量建立适应社会主义市场经济的公共文化服务事业的混合主体转移。作为公共文化服务体系中重要的组成部分，公共图书馆事业开展自然离不开政府部门的资金支持和政策帮扶。据此，选取代表政府对公共图书馆事业重视程度的财政拨款这一指标进行表征。

文化素质即为受教育程度。众所周知，教育系统是一个复杂、有机的统一体，教育作为社会生态系统中重要的环节，也势必与其他环节相互影响，公共图书馆的其中一个职能就是教育职能，本章选取普通高等学校本科在校学生数来表征文化素质。

经济是发展的"晴雨表"，经济基础为精神文明建设提供物质动力。地方经济的发展越好，越是有能力顾及社会的其他方面的资金等物质需要，特别是公共文化服务方面。图书馆是公共文化服务机构，其资金基本上来自地方财政，地方经济良好发展，地方财政收入才能充裕，才更有能力满足图书馆建设发展的各项需要。同时，随着地方整体经济实力的进一步增强，社会公众的物质生活得到一定程度的满足，也会刺激他们去满足自己的精神需求，这样也增加了公共图书馆资源的使用，提升其运行效率。通常经济发展水平选取人均 GDP 作为代理指标，人均 GDP 相比 GDP 可以真实地反映该区域经济发展的实际水平。为了消除价格因素的影响，采用以2011 年为基期各个地区的实际人均 GDP。

在互联网时代，各行各业信息化建设倾向越来越明显，而公共图书馆也不例外。对于公共图书馆运营发展来说，必须抓住信息化建设的契机，既要重视线下的活动展开和服务深化，也要注重线上服务渠道的拓展，实

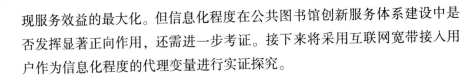

现服务效益的最大化。但信息化程度在公共图书馆创新服务体系建设中是否发挥显著正向作用，还需进一步考证。接下来将采用互联网宽带接入用户作为信息化程度的代理变量进行实证探究。

(二)数据来源

鉴于数据的完整性和可得性，本章的实证研究样本范畴并不包含港澳台地区，为我国31个省份，时间跨度为2011~2020年。本章涉及全要素生产率的测度数据均来自《中国文化文物统计年鉴》(2012~2021年)、《中国统计年鉴》(2012~2021年)、各地方统计年鉴以及相关网站；影响因素分析中所涉及的变量数据来自《中国文化文物统计年鉴》(2012~2021年)和《中国统计年鉴》(2012~2021年)。采用加权平均法补全研究中所缺失的数据。

三、实证分析

(一)公共图书馆全要素生产率(发展效率)马尔可夫链结果

根据前文的方法模型，将收集的面板数据导入软件Deap2.1，度量2011~2020年我国31个省份公共图书馆的Malmquist指数，计算得到不同年份我国31个省份的公共图书馆全要素生产率。接下来，为了准确地预测我国公共图书馆全要素生产率的发展趋势，运用马尔可夫链方法对我国的公共图书馆全要素生产率的动态转移特征进行研究。马尔可夫链能够将公共图书馆全要素生产率向某种状态发展的状态看成是离散状态，在一定程度上能够反映公共图书馆全要素生产率的类型变化、状态转移概率以及区域差异的长期演化趋势。

将我国31个省份公共图书馆全要素生产率按照数值大小平均划分为四个等级，分别为低水平(Ⅰ)、中低水平(Ⅱ)、中高水平(Ⅲ)和高水平(Ⅳ)，然后运用马尔可夫链分析方法，计算样本期内我国区域公共图书馆全要素生产率的传统马尔可夫链转移概率矩阵，有效地刻画出我国公共图书馆全要素生产率的动态转移特征，为区域间公共图书馆事业发展差距、极化现象提供更深刻的解释。

　　先考察我国区域公共图书馆全要素生产率是否存在等级固化现象，然后进一步观测其是否随时间推移而逐渐加剧，若发展效率高低水平阵营固化现象显著且随时间推移程度不断加剧，则表明公共图书馆全要素生产率存在等级马太效应现象。不同于 1 年时长下的马尔可夫转移概率矩阵，给出样本考察期内时间跨度为 1 年、2 年、3 年和 4 年的公共图书馆全要素生产率状态的马尔可夫转移矩阵，结果如表 7-1 所示。

表 7-1　我国公共图书馆全要素生产率的马尔可夫概率矩阵

时长	类型	公共图书馆全要素生产率				
		低	中低	中高	高	n
t = 1	低	0.250	0.125	0.200	0.425	40
	中低	0.286	0.214	0.271	0.229	70
	中高	0.174	0.348	0.319	0.159	69
	高	0.348	0.275	0.174	0.203	69
t = 2	低	0.242	0.212	0.182	0.364	33
	中低	0.228	0.193	0.333	0.246	57
	中高	0.226	0.323	0.274	0.177	62
	高	0.338	0.231	0.231	0.200	65
t = 3	低	0.258	0.161	0.323	0.258	31
	中低	0.319	0.298	0.234	0.149	47
	中高	0.315	0.259	0.296	0.130	54
	高	0.222	0.241	0.222	0.315	54
t = 4	低	0.222	0.259	0.296	0.222	27
	中低	0.270	0.270	0.270	0.189	37
	中高	0.364	0.295	0.227	0.114	44
	高	0.277	0.255	0.191	0.277	47

　　在各时间跨度中，对角线上概率值与其他位置的概率值并不形成明显

差异，均在 0.2 或 0.3 附近，反映出我国各地区的公共图书馆发展趋势并不稳定，呈现出流动性好、持续性弱的特点，不同水平的省份之间容易实现等级跳跃。此外，随着时间推移，中低和高水平阵营对角线上的概率值有所上升，而低水平和中高水平阵营的对角线上的概率值却略微下降。换言之，低水平和中高水平的公共图书馆全要素生产率的收敛趋势随着时间的推移而减弱，流动性开始逐渐提升，而高水平和中低水平的公共图书馆全要素生产率的收敛趋势却呈现小幅增强，流动性具有下浮走势。具体来看，从低到高四种类型的地区一年后状态不变的概率分别为 25%、21.4%、31.9% 和 20.3%；四年后状态不变的概率为 22.2%、27%、22.7% 和 27.7%。可见，我国公共图书馆全要素生产率的马太效应并不显著。

公共图书馆全要素生产率的转移状态不经常发生在相邻类型之间，在各时期的转移概率矩阵中，不与对角线直接相邻的数值表示公共图书馆发展效率水平实现跨越式变化的概率，如 t＝1 时，高水平向低水平的转移概率为 0.348，显示出我国公共图书馆发展效率水平转移速度尚可，实现跨越式改变存在可能性。进一步观测可以发现，在公共图书馆发展效率的转移概率矩阵中，对角线上的转移概率并没有比非对角线上的大，反映出我国公共图书馆发展效率并不具有条件收敛的特征。具体来看，对角线上概率最大的高达 31.9%，最小的有 19.3%，这表明无论初始公共图书馆发展效率处于何种等级，在一年后仍然会保持在原有水平的概率不大。另外，无论初始水平处于何种等级，公共图书馆保持稳定的概率皆远远小于其转移概率，这也反映出我国公共图书馆发展存在的优势，即公共图书馆事业高质量发展并不容易受到早期公共图书馆服务水平的制约，其发展道路具有挑战性。

(二) 我国公共图书馆全要素生产率(发展效率)的影响因素分析

为了有效揭示我国各地区公共图书馆全要素生产率出现不同变化趋势的原因，本章采用 Tobit 模型对公共图书馆全要素生产率影响因素的显著性和作用效果进行了检验。

基于公共图书馆发展效率的影响因素假设条件，鉴于 DEA-Malmquist

方法度量的全要素生产率具有典型的归并数据特征，据此构建了 Tobit 回归模型进行计量分析。为了减少异方差，使数据的平稳性增加，对各个因变量和自变量取对数，将公共图书馆全要素生产率（Ftpch）作为被解释变量，内部因素和外部因素作为解释变量，构建 Tobit 模型：

$$Ftpch = \beta_0 + \beta_1 x_1 + \beta_2 x_2 + \beta_3 x_3 + \beta_4 x_4 + \beta_5 x_5 + \beta_6 x_6 + \beta_7 x_7 + \varepsilon_i \qquad (7-1)$$

式（7-1）中，ε_i 为随机扰动项，β_0、β_1、β_2、$\cdots$、β_7 为待评估系数，x_1、x_2、x_3、$\cdots$、x_7 分别表示每万人拥有的公共图书馆面积、专业技术人才、经济发展、文化素质、信息化程度、政府支持、人口规模。结果如表 7-2 所示，并从分时段和分区域两个维度对公共图书馆发展效率的影响因素作用机制做出进一步阐释。

表 7-2　公共图书馆全要素生产率影响因素的 Tobit 回归结果

变量	全国	分区域			分时段	
		东部地区	中部地区	西部地区	"十二五"时期	"十三五"时期
每万人拥有馆舍面积	0.021 （0.263）	0.307 * （0.092）	-0.304 （0.165）	-0.124 （0.471）	-0.028 （0.248）	0.214 * （0.037）
专业技术人才	0.061 * （0.032）	0.027 （0.184）	-0.011 （0.115）	0.093 * （0.031）	0.090 （0.254）	-0.086 （0.652）
文化素质	-0.058 （0.701）	-0.233 （0.558）	-0.884 ** （0.043）	-0.003 * （0.049）	-0.030 （0.585）	-0.079 （0.752）
经济发展	0.069 （0.181）	0.098 （0.238）	-0.192 （0.689）	0.128 ** （0.023）	0.092 （0.691）	0.090 ** （0.012）
信息化程度	-0.193 *** （0.002）	-0.402 ** （0.011）	-0.186 （0.238）	-0.196 ** （0.041）	-0.001 * （0.093）	-0.560 *** （0.000）
人口规模	0.255 ** （0.016）	0.714 *** （0.008）	0.451 （0.114）	0.101 （0.618）	-0.034 （0.828）	0.840 *** （0.000）
政府支持	-0.035 *** （0.007）	-0.165 * （0.028）	0.732 ** （0.014）	0.014 * （0.039）	-0.038 *** （0.001）	-0.076 ** （0.026）

注：括号内为 z 统计量的 p 值；*、** 和 *** 分别表示在 10%、5% 和 1% 的水平上显著。

分析全国样本的计量模型结果可以发现：

(1) 人均 GDP 与公共图书馆发展效率的弹性系数并没有通过 10% 的显著性水平检验，表明经济发展与公共图书馆发展效率之间关联性较弱，这也说明了即使某一区域经济发达，该地区公共图书馆的发展效率却不一定很高。

(2) 从专业人才数量来看，专业技术人才队伍的扩充能显著提升公共图书馆发展效率。随着现代技术手段的升级、用户需求的多样性以及图书馆服务方式的改变，无疑对图书馆专业技术人员的业务素质提出了更高的要求，因此公共图书馆在注重本馆馆员的潜能挖掘和业务培训的同时，也需要不断注入具有知识服务内涵的新鲜血液。

(3) 公共图书馆馆舍面积与公共图书馆发展效率的方向一致，但未能通过显著性检验，这表明公共图书馆馆舍面积对公共图书馆高质量发展并没有起到关键性作用。根据统计显示，虽然 2016 ~ 2020 年公共图书馆的馆舍面积有所增加，但公共图书馆发展效率却不尽如人意。究其原因，馆舍面积的增长伴随着公共图书馆支出经费和从业人员等各类资源投入的增加，但是某一区域内公共图书馆面向的读者群体以及潜在的读者数量在短期内也不会发生太大的变化。

(4) 信息化程度未能有效提高公共图书馆的发展效率。如今随着移动设备和互联网的发展，对公共图书馆管理信息化的要求也越来越高，病毒感染、网络攻击和信息泄露等问题都亟待公共图书馆在保障机构和读者信息安全上构架坚固的"城墙"。

(5) 政府支持与公共图书馆发展效率为负相关，且通过了 1% 的显著性水平检验，这似乎与常理相悖，可能的原因是与本书选取的财政拨款这一代理指标有关。一方面，财政拨款越多，公共图书馆的支出也就越高，如若大额支出没有合理配置使用，必然会导致浪费，引发公共图书馆发展效率低下。另一方面，反映出了长期存在的公共图书馆区域非均衡化也制约着发展效率，政府在区域间公共图书馆转移支付的宏观调节职能存在缺位。

(6) 人口规模采用地区人口数量来表示，与公共图书馆发展效率的弹性系数在 5% 的水平上显著且为正向关系，表明地区常住人口越多，公共图书馆服务的读者就越多，进而发展效率就越高。2021 年底，全国公共图书馆实际持证读者数量超过了 1.03 亿人，与 2012 年相比，公共图书馆实际持证读者数量增长超过 315%。数据增长的背后，也反映出人口规模对公共图书馆的服务效能和覆盖面产生的影响，加速推进全民阅读和公共文化事业迈入新征程。

（7）文化素养与公共图书馆发展效率没有通过 10% 的显著性水平检验且方向为负，即其与图书馆发展效率关联性小甚至为负向关系。各种文化层次的读者都对图书馆阅读资源存在差异化的需求。与高校图书馆服务对象不同，公共图书馆是面向社会大众的，据此公共图书馆应当经常根据当地居民的需求特点和文化结构展开调研，根据不同文化层次读者的不同需求准备合适的阅读资源和配套服务。

考虑到时间和区域异质性的存在，对我国公共图书馆发展效率的驱动机制进行整体分析的基础上，有必要分时段和分区域深入阐释，发现公共图书馆发展效率的驱动因子分异特征。从分时段的结果来看，每万人拥有馆舍面积对公共图书馆发展效率的作用方向由负变正，表明公共图书馆的馆舍面积的积极作用正在慢慢凸显，但相比较其他指标而言作用力度较弱；人口规模在"十三五"规划时期表现出显著的正向影响，而在 2011～2015 年则表现出弱的负向作用，文化部关于印发《"十三五"时期全国公共图书馆事业发展规划》的通知中强调，公共图书馆应加强特殊群体服务，针对性地开展网络服务、送书上门、阅读辅导等，面向更多的读者提供优质服务。

从分区域的回归计量分析结果来看，中部地区和西部地区的公共图书馆馆舍面积对公共图书馆发展效率的影响较弱，东部地区表现为显著的正向作用；专业人才数量指标中，西部地区的正向影响尤为明显。文化素质和信息化程度的影响表现一致，均对公共图书馆发展效率产生负向影响，只是在三大区域作用强度有所不同，反映出当前的信息化程度和文化素养与公共图书馆事业之间乃未形成良性互动关系；政府支持和经济发展均对西部公共图书馆发展效率具有显著的积极作用，"十二五"时期我国加大对西部地区公共图书馆的扶持力度，提供了一系列有利于公共图书馆建设的方针政策，使该区域的公共图书馆事业取得了长足进步。

四、本章小结

逐步实现基本公共服务均等化是构建和谐社会的主要举措之一，而公共图书馆区域间均衡发展是社会公平的公共服务均等化的重要体现。以动态效率及其影响因子为切入点，探究我国公共图书馆资源的优化配置路径具有现实意义。本章以 2011~2020 年 DEA-Malmquist 模型测度我国 31 个省份公共图书馆全要素生产率（发展效率）作为核心变量，并检验其是否存在等级马太效应，进一步探究其影响因素的作用机制，并从时段和区域两个维度分析。主要结论如下：

从动态演化规律来看，目前公共图书馆全要素生产率处于较低水平的地区，在一年后继续维持较低的发展水平的概率并不大，并有较大的可能性向中等或中等偏上的迁移。同样的道理，当前状态处于中低水平和中高水平的地区，在未来一年并不会大概率处于原有水平，大概率能够实现正向升级，转移到高水平。但是也会有相当高的概率会发生反向降级现象，反向回落至更低水平。而起初处于高水平的地区公共图书馆，仍然有大概率回落至中高水平和中低水平。整体而言，目前我国公共图书馆发展格局并不趋于稳定，无论起初处于何种状态，小概率皆会保持在现有水平，不容易形成相对稳定的发展格局。同时也说明我国公共图书馆发展存在不确定性，发展过程并不过于依赖现有的公共图书馆事业水平，同时说明中国在增加公共图书馆财政投入、推动前沿技术进步的同时，也须关注服务效率的提升，这就需要在制度安排及管理创新上大下功夫。

利用马尔可夫链模型检验发现，我国公共图书馆发展效率的马太效应并不显著，在 1~4 年时间跨度下基本不存在，高水平地区不一定长期处于高水平，低水平地区也并未总位于低水平，没有呈现"弱者恒弱，强者恒强"的现象。

我国公共图书馆全要素生产率的影响因素是多样化的，通过构建 Tobit 模型分析发现，我国公共图书馆的发展效率受到来自内部因素和外部因素的共同影响。从内部因素来看，公共图书馆的专业技术人才数量显著正向影响发展效率；从外部因素来看，人口规模、信息化程度和政府支持都对公共图书馆发展效率具有显著的影响，只是作用的方向不同；虽然每万人拥有馆舍面积和经济发展与公共图书馆发展效率存在正相关关系，但是显著性较弱。

第八章

结论与展望

从图书馆事业的外部发展环境来看，"十四五"时期，世界百年未有之大变局与中华民族伟大复兴的战略全局深度联动，国际环境日趋复杂，不稳定性和不确定性明显增加，但在当前和今后一个时期，我国发展仍然处于重要战略机遇期。党和国家作出我国进入新发展阶段、坚持新发展理念、着力构建新发展格局的战略判断和战略抉择，并提出到2035年进入创新型国家前列，建成文化强国、教育强国等重要目标。在此期间，公共图书馆该如何适应新时期社会需求和社会环境的变化，如何建立开放互动机制，不断创新服务方式和服务内容，提升服务质量和服务效率，更好地保障公民的公共文化权益，满足用户对美好生活的向往和日益增长的精神文化需求，这将关系到图书馆事业可持续发展，也关乎公共文化机构能否做到不断创新突破。

公共产品供给效率是政府公共服务绩效评价的一个关键问题。对于公共文化服务而言，公共文化产品效率测度的是设施、人力、财政等资源投入转化为服务人次、展览个数、培训班次等效果产出的效率，它是衡量政府公共文化服务绩效的重要指标，也直接关系到政府职能履行和民众认同。随着《中华人民共和国公共图书馆法》的出台和数字图书馆推广工程、国家文化信息资源共享工程等文化项目的实施，公共图书馆功能不再是简单地提供信息和借阅图书，其在保障公民基本文化权益和维护基本公共文化服务均等化方面发挥着重要作用，逐渐成为城市居民的"第二起居室"和"文化社保"，但伴随着公共图书馆社会地位的上升，其服务效能却与经济发展不相匹配。2021年，《中华人民共和国国民经济和社会发展第十四个五年规划和2035年远景目标纲要》设定了我国未来五年经济发展的重要指标，其中公共图书馆作为文化服务体系的重要组成部分，势必要抢抓机遇，从普惠公共文化服务，向精细化、多层级的高品质服务拓展。从这一维度，开展我国公共图书馆效率及其影响因素研究，有益于汇总"十二五"时期、"十三五"时期公共图书馆事业取得的成绩，同时厘清发展过程中存在的问题，为"十四五"规划背景下公共图书馆提质增效提供借鉴参考。

一、研究结论

本书应用数据包络分析、核密度估计、马尔可夫链等相关技术工具，对中国31个省份的公共图书馆的静态效率、动态效率、效率的收敛性及环境影响因素等问题进行了实证考察，主要得出以下几点结论：

（一）公共图书馆效率测度及其影响因素

从传统 DEA 模型结果看，2011~2020 年，我国公共图书馆的平均技术效率为 0.719，技术效率仍处于较低水平，还远远未能挖掘出现有资源和技术的利用潜力，对前沿技术的利用程度不高。因此，技术效率的提升还有较大空间。从变化趋势看，在此期间我国公共图书馆的技术效率呈现波动趋势，且年际间的变化存在一定的差异。从三大地区看，东部地区平均技术效率为 0.851，中部地区、西部地区分别为 0.778 和 0.559，东部地区的技术效率显著高于中西部地区，公共图书馆技术效率存在显著的地区差异。

从超效率 DEA 模型测度结果来看，各省份公共图书馆的平均技术效率值在 0.165~2.038，省际的差异明显。全国技术效率的前五位，分别是上海（2.038）、江苏（1.588）、广东（1.411）、福建（1.211）和江西（1.062）。中部地区技术效率相对较高的是湖南（0.931）、河南（0.948）和安徽（0.984），但是其技术效率值也远远低于东部地区，西部地区除了重庆和广西壮族自治区外，其余省份的技术效率都不高。各省份之间技术效率的差异明显，并且技术效率较高的省份主要集中在东部地区、效率较低的省份主要集中在中西部地区，公共图书馆效率的区域发展不平衡问题严重。从区域分布来看，公共图书馆效率存在着地理分布上西低东高的特点。核密度曲线图显示出公共图书馆效率随时间推移向低水平集聚的收敛,波峰效率值也波动下降。马尔可夫链模型考察发现我国公共图书馆财政投入公平指数的马太效应并不显著;而公共图书馆服务效率"马太效应"较为明显,但等级马太效应并不存在。

构建计量模型对公共图书馆效率的影响因素进行了分析,结果发现内部因素中专业技术人才与公共图书馆服务效率显著且为正,电子化程度对公共图书馆效率产生了显著的负向影响,每万人拥有的公共图书馆面积与公共图书馆服务效率关系并不明朗。在外部因素中,人均 GDP 和人口规模与公共图书馆效率呈正向关系,受教育程度对公共图书馆效率并没有起到杠杆作用。值得一提的是,虽然内部因素中的以财政拨款衡量的公平指数产生了正向影响,但是并不显著,表明公共图书馆的财政投入区域非均衡化已有缓和,政府在区域间的发挥了其宏观调节职能。此外传统的通过增加公共资源投入为主导的规模扩张方式来提升公共图书馆效率的模式已然不再适宜,其根本原因是公共图书馆效能的提升关键在于图书馆专业化服务能力与水平。

(二)公共图书馆全要素效率测度及其影响因素

以 2011~2020 年我国 31 个省份的面板数据为研究单元,在 DEA-Malmquist 模型和马尔可夫链模型测度分析公共图书馆全要素生产率的基础上,构建 DEA-Tobit 模型实证研究公共图书馆效率影响因素的作用机制,并分区域、分时段讨论影响因素的分异特征,探寻提高公共图书馆全要素生产率的影响因子和主要路径。

从区域比较来看,2011~2020 年,我国东部地区、中部地区和西部地区的公共图书馆行业全要素生产率均值都在下降,年均下降率分别为2.1%、4.4%和4.0%,而东部地区的全要素生产率下降最少。东部地区、中部地区和西部地区的公共图书馆技术效率也呈现下降趋势,其中东部地区的公共图书馆全要素生产率年均下降幅度不大,低于 3%,而西部地区的公共图书馆全要素生产率却下降明显,年均下降率分别达到了 4.5%,其中,西部地区公共图书馆的规模效率年均下降3.8%是主要原因。东部地区的公共图书馆行业表现出技术进步,年均进步率分别为 0.1%,但并不能平衡东部、中部、西部三个地区由于技术效率下降带来的负面影响。综合公共图书馆的静态效率测度结果，技术效率、纯技术效率和规模效率都制约西部地区公共图书馆行业全要素生产率的增长。

2011~2020年公共图书馆全要素生产率的平均增长率为3.5%。将Malmquist指数分解为技术效率变化和技术进步指数两个部分，技术效率平均增长率为-3%，技术进步平均增长率为0.5%。这个结果比以往关于公共图书馆全要生产率的实证研究要低，导致我国公共图书馆全要素生产率增长缓慢的主要原因是低水平的效率状况和技术水平。技术效率和技术进步都对公共图书馆全要素生产率负增长有关联，但两者相比，技术效率的影响更大。

从Malmquist指数分析来看，2011年以来我国31个省份的公共图书馆发展效率除了个别年份，全要素生产率指数均大于1，其效率的提升主要来自技术进步。值得一提的是，同时具有正向技术效率和技术进步率的省份仅有2个，整体上我国公共图书馆资源的配置效率具有较大提高空间。

我国公共图书馆全要素生产率的内部影响因素是多样化的。近年来，在区域公共图书馆事业发展过程中，公共图书馆效率持续下降且长期处于低水平状态，信息化程度和政府支持都产生了显著的负向影响，而公共图书馆专业技术人才数量产生了显著的正向影响，经济发展和每万人拥有馆舍面积对公共图书馆全要素生产率的影响不大。总之，传统的以增加公共资源投入为主导的规模扩张来引导公共图书馆绩效增长的管理模式正渐渐失去效率，其根本原因在于现有公共图书馆体制本身所固有的局限性，因此公共图书馆全要素生产率提升的根本路径在于创新公共图书馆管理体制机制，加大市场服务的衔接力度，不断促进公共图书馆的社会化发展。

二、对策建议

（一）提升公共图书馆效率的政策建议

1. 提升我国公共图书馆效率均等化水平

在现代公共文化服务体系建设中的政策话语中，公共图书馆承担着丰富居民文化生活和保障公民文化权利的重要职责，这决定了提供均等化、全覆盖的公共服务是公共图书馆的基本要求。而现阶段我国各区域公共图书馆效率差异明显，当地经济发展水平、受教育程度与人口规模等外部环境在相当程度上影响着地方公共图书馆效率。因此，要实现西部、中部、东部地区公共图书馆事业均衡发展，需要政府部门推行公共图书馆事业建设的差异化政策措施，持续释放技术进步的新动能。尤其是中西部一些地区，由于经济基础薄弱导致资金匮乏，高级技术人才也很难被吸引，其发展模式难以创新，所以公共图书馆亟待改进自身的管理方式，补齐引发服务效能低下的短板。除此之外，中央政府加强宏观调控，加大中西部地区公共图书馆资源投入力度，进而促进公共图书馆事业协调发展以保障技术效率整体提高。

各地区政府在当地公共图书馆事业发展过程中，应充分研究区域的外部环境状况，根据地方特点制定差异化的政策措施，充分挖掘区域优势，走特色化发展的道路；同时，政府主导，保障民众平等的服务权利，公共图书馆的公共性和公益性不可分割，而公共性则需要政府成为绝对的主导。第一，对于已颁布的法律法规政策，政府应落实监督和定时评估，保障民众在公共图书馆能够享有公平利用资源、获取服务等一系列权利；第二，应充分掌握效率水平及其均等化程度的动态数据，把握增、降幅度，如在财政经费拨款时依据测算数据，对各区域内服务效能水平较低的省份有所倾斜，如加大中西部地区公共图书馆资源投入力度，或积极响应不同区域的需求，促进服务效能达到平衡，引导各地区拥有均等化的优质服务能力，从而促进不同区域公共图书馆的共同发展和效率的整体提升。

以资源为核心，充分提升不同省份的公共图书馆效率，效率主要衡量的是资源投入所输出的服务效益而非绝对数量，因此除了公共图书馆自身馆藏资源的数量，资源的质量也是非常重要的衡量标准，质的提升不仅体现在图书采访工作中，而且对馆藏资源中知识内容进行分类和聚合。在当前用户信息需求的要求越来越高，因此公共图书馆应尽可能地提供多元化的馆藏资源，有效保障不同群体的个性化知识诉求。例如，采用数字人文的方法，对知识进行分类和组织；各个省份根据自身特有资源加以整理，转化为可供用户使用的特色文化资源，让公共图书馆资源投入产生更多的产出。

在我国31个省份的公共图书馆效率测评中，各省份差距较大。因此，效率不仅体现在公共图书馆自身资源配置和硬件设施的静态服务中，而且体现在充分利用动态资源，在省份内、区域间提供知识服务，通过合作扩大优质公共图书馆服务受众的覆盖范围。发挥区域特色，让区域内公共图书馆效率高的省份起到带动作用，如西部地区的重庆公共图书馆效率远远高于区域内其他省级单位，重庆应在区域内发挥引导带头作用。此外，中部地区的湖南，东部地区的上海和广东，这些典型省份公共图书馆管理模式和标准化经验，可供其他省份的公共图书馆效仿，如公共图书馆资源结构和比例、阅读推广等方面进行借鉴与交流，促进信息资源共享共建，达到共同发展的目的。

2. 加强公共图书馆专业人才队伍建设

建立健全公共图书馆馆员队伍管理和激励机制。公共图书馆在用人方面应积极找寻新模式，不定期补充新鲜血液，让馆员队伍实现稳中求进。公共图书馆要遵照按岗考核、择优聘用、科学设岗、竞争上岗的原则，建立考核评价激励机制要构建多元化的评价指标体系，充分激发各种类型专业人才的工作创造力和积极性。积极推进智慧图书馆建设，让勇于探索创新模式、专业本领过硬的馆员真正有"用武之地"。真正实现公共图书馆的功能不仅是为读者分享、交流和学习提供场所，而且为馆员不断学习探索提供了工作空间。

加强国际化人才培养。尊重人才成长规律，培养一批具有国际视野、通晓国际事务、具有较强的交往和语言沟通能力的专业化图书馆工作者，造就一批具有国际水平的领军人才和青年人才。积极引导专业人才主动参与国际图书馆事务。完善举荐优秀人才参与国际组织事务的常态机制，不断提升我国图书馆事业国际影响力。

加强馆员理论学习，提升素质找准定位。图书馆馆员服务对象多，工作时间长，多年如一日，很容易出现职业倦怠，因此馆员要树立"读者至上，服务第一"的理念，必须意识到图书馆是文化产业的重要阵地，与读者面对面接触，一言一行都会对读者产生间接或直接的影响，馆员自身需要具备良好的职业素养，建立正确的自我定位。公共图书馆要实现高质量

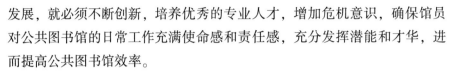

发展，就必须不断创新，培养优秀的专业人才，增加危机意识，确保馆员对公共图书馆的日常工作充满使命感和责任感，充分发挥潜能和才华，进而提高公共图书馆效率。

提供多元的专业技术岗位，实现人尽其用。公共图书馆要提高服务效率和服务质量，人才队伍建设与发展目标应相结合。从数量、知识结构、年龄结构、专业特长等多维度优化人才结构，如从招才、育才、用才、留才等方面实现图书馆人才的全流程控制，提高优秀人才的数量；根据馆藏量与读者人数比例以及图书馆等级等特点配备不同学历和专业的馆员，构建各年龄段相结合、可持续发展的人才梯队；在充分考虑图书馆发展战略的同时，根据馆员的专业水平、业务能力合理分工，构成完整的知识结构体系提供多元的专技岗位。

开展更专业、更具体的培训，因材施教。要提升馆员业务水平，公共图书馆要着力加强在职人员继续教育培训，培养出兼具专业素养和信息技术水平的馆员队伍。要努力开展馆员专业知识、业务技能的培训。在培训内容上，要切实提高培训与日常工作的针对性，应结合公共图书馆工作实际，开设相应的培训课程，同时也要符合时代发展规律，关注最新理论，开设新媒体、新技术等相关知识的培训课程。在培训方式上，要增加培训科目类别，采取更专业、更具体的培训方式。

3. 以调整投入规模完善供给结构

从我国公共图书馆效率测度结果看，部分服务产出不理想的省份，根源在于公共图书馆的投入资源结构的不合理。投入不足或供需不协调，限制了公共图书馆的发展，影响社会公众使用公共文化资源，其图书馆事业的投入明显不能满足当地需求。随着整体经济的改善，适当增加投入，以满足当地人民的知识文化需求并不会降低公共图书馆的高效率。近几年，少部分地区由于经济取得了突破式发展，有余力进行公共图书馆的现代化改造，接连在公共图书馆事业上投入了大量的人力、物力、时间、财力，由于缺乏合理的规划和专业的调研，出现了投入资源冗余和利用不足的双重情况。

发展公共图书馆事业，是一项十年百年的长期工程。当前，对于部分公共文化资源投入欠缺的地区，地方若有足够的能力，应当扩大投入规

模；根据合理的绩效评判，将更好地分配用于公共图书馆建设的财政支
持，加大有需求且运营状况良好的地方财政扶持力度，而不是忽视地方情
况，只按照图书馆级别进行资金配置。物质投入没有实现充分利用的各地
区，公共图书馆更要协调好投入—产出结构，追究资源利用率低、产出不
足率高的根源；根据图书馆从业人员在实际开展工作中的工作需要、公共
图书馆宏观的运营管理需要和图书馆用户反映的实际需求，逐渐形成良好
的资源、人力供给结构。通过满足各地区特别是基层公共图书馆的投入规
模需求，协调各馆不同的资源供给结构，使我国公共图书馆绩效表现和资
源利用更加高效。

4. 公共图书馆积极引入社会资源，创新综合服务模式

优化升级公共图书馆空间，提供多元文化休闲服务。图书馆电子化
硬件设备与馆舍面积不能一味追求数量增加，应与自身的服务现状及当
地用户需求与人口规模等情况相匹配。及时了解读者需求的动向和特点，
推出个性化的图书馆服务模式，如利用微信、抖音和微博等新媒体定期
向读者推动信息，稳步推进智慧图书馆、移动图书馆和数字图书馆的
建设。

进入新媒体时代，公共图书馆不再局限于单纯的阅读和知识服务场
所，而是公众进行知识创造和人际交往的公共空间，应该满足大众的多样
化需求。努力吸引公众迈进公共图书馆并停留更长时间，提升公众在公共
图书馆的参与感与体验感，并以此促进其他活动的开展。像芬兰首都赫尔
辛基中央图书馆不仅提供借阅服务，而且提供联合办公场所、研讨室、游
戏角、创客空间、音乐制作室、餐厅、电源、咖啡厅等公共空间，书籍只
占了整体空间的1/3。然而赫尔辛基中央图书馆成为游客和市民心中最舒
适的人际交往和学习的空间，这种公共图书馆服务趋势值得重视和借鉴。

积极引入社会资源，吸纳社会力量共建共治。完善志愿服务和社会力
量的激励措施，缓解图书馆工作人员压力，加强公众与图书馆的联系，积
极宣传正向社会影响；通过社会力量独立建立服务点或分馆、社会力量和
政府合作共建、政府购买服务等开展方式，构建灵活的人财物保障体系，
缓解财政压力；创新公众参与公共图书馆监督和管理模式，主动了解公众
需求，提升公共图书馆效率，增强公共图书馆的社会影响力，进而吸纳更

多的资源和资金涌入公共图书馆事业建设。

重点打造公众体验感强的特色主题阅读推广活动。开展多元化、品牌化、常态化的读者活动，特别是重视大学生读者群体，吸纳更多社会力量参与到全民阅读服务中，进一步提升公共图书馆服务效能。区域公共图书馆可以借助地域文化优势，依托本馆馆藏特色资源，针对当地的公众需求和创业发展情况，结合网络服务和阵地服务，面向不同群体分级开展公众参与感和体验感强的主题阅读推广活动。省级公共图书馆可以调动全省图书馆行业资源，构建图书馆总分馆制或阅读联盟，实现资源和服务共建共享。如 2017 年杭州市地铁集团、浙江新闻客户端、浙江图书馆联合推出的"彩虹悦读在浙里"的地铁阅读专列主题活动，站内设置的悦读益站（角）设有涵盖 66 本图书的"线上图书馆"，乘客可扫码体验在线免费全本阅读；同时，乘客还可以凭集章卡收集各个益站（角）的彩色戳记，将有机会获得杭州地铁 G20 峰会主题限量套票。在专列行驶期间，乘客关注"浙江日报有风来"微信公众号，跟帖评论个人阅读经历，可有机会参与每天免费赠送年度畅销书活动，将地铁环境打造成充满趣味的历史、儿童、爱情等主题阅读文化空间，得到了公众的广泛好评。

5. 以绩效为导向完善公共图书馆评估体系

加强公共图书馆绩效考评管理，翔实考评结果等级，确定符合公共图书馆事业发展实际的绩效目标，重视完善激励机制。

公共图书馆的运营模式应根据时代进步和用户需求的改变适当调整，打破传统的图书馆管理模式，引入以绩效为指导的图书馆运营管理模式，既要将绩效管理深入到图书馆运营的每一处细节，同时也要通过举办座谈会、开展评比活动等方式，将绩效意识深入到从业人员的心里，将政府主管部门早已形成却无法落实的绩效管理理念下沉到公共图书馆的日常运营管理之中。

具体而言，这就需要从法律体系、主体结构和监督体系三个方面确立我国公共图书馆绩效评估保障体系。图书馆评估工作是一项需要大量人力、物力、财力的消耗性活动，全国大范围内的公共图书馆绩效评估更是需要有必要的经费支持和政策保障来减少评估障碍，提高评估工作效率。从评估主体来看，我国少数公共图书馆采用自我评估的方式，基本还是行政主管部门组织图书馆的评估定级，尤其是缺乏第三方独立审计评估。在图书馆绩效评估逐步从"内部评估"转向"外部评估"的大趋势下，评估主体需要积极吸收读者、业界专家、各级管理者等不同力量，确立图书馆协会、图书馆、政府的多重评价主体机构，保证评价机制的中立性和多元化。

通过完善图书馆法治环境，逐步建立绩效评估的法律保障体系。不管是图书馆馆藏资源建设、标准化建设还是图书馆绩效评估工作，制定相应的政策、法规和法律都是必要的。李国新（2023）指出，图书馆的文献资源建设、图书馆服务者和利用者的权益保障、图书馆的设置与体制、图书馆的基本任务和性质、工作人员与内部管理、设备、馆舍、经费等方面都应该在法律、法规中加以规范。法律保障体系的建立能够保障公共图书馆绩效评价工作的有效性，这对于解决图书馆评估工作中的"政府责任不到位""缺少评估主体""图书馆评估机制不规范"等问题具有很重要的作用，不过国内图书馆界尚未对这一问题引起足够的重视。因此，这一经验的借鉴要结合我国的实际情况，循序渐进地开展。在社会法律体系完善、图书馆法治建设有效发展的阶段才有可能真正把图书馆绩效评估工作纳入法律规范。一方面，我国图书馆学会持续根据委托部门要求，研制评估标准，确立评估方法，探索评估新模式，科学实施评价。发挥评估定级工作对全国图书馆建设、管理与服务的引导和带动作用，推进图书馆服务能力建设，促进图书馆事业高质量发展。开展县级以上公共图书馆评估工作，并以行业指导的形式在全国公共图书馆强制推行，各馆结合自身实际，制定图书馆绩效评估工作条例。另一方面，把公共图书馆绩效评估的责任、推行方式纳入《中华人民共和国公共图书馆法》中。

（二）提升公共图书馆全要素生产率的政策建议

1. 促进技术进步成为推动公共图书馆全要素生产率提升的原动力

科学引进先进服务技术，加强公共图书馆技术消化吸收能力。根据公共图书馆全要素生产率评价研究发现，技术进步是全要素生产率提升的主要来源，因此技术进步与创新是促进公共图书馆全要素生产率增长的关键因素，是推动我国公共图书馆事业发展的重要保障。

我国公共图书馆在日常运营过程中，借鉴发达国家先进的管理理念和技术，与自主创新相融合构建智慧化图书馆，是实现公共图书馆全要素生产率增长的重要途径。具体来说，完成技术的系统化，最重要的是公共图书馆 App 的建立，通过 App 这个总系统的构建对各项服务技术进行整合和完善。"散状"技术只能是单兵作战，只有将技术进行系统化才能打出"组合拳"。所以公共图书馆需要在现有技术的基础上，增加和完善相关技术服务，如现在已经在一些高校图书馆实行的图书外借电子下单操作系统；移动媒介的兴盛带来的阅读方式转变，数字化阅读体验下兴起的电子书借阅归还系统；图书借阅的扩大和延伸，深度用户之间的转借系统；本地公共图书馆之间的馆藏资源的相互补充和完善系统等。这些由当下用户在"互联网+"时代所产生的新需求以及产生的新服务增长点，通过"互联网+"技术的改进和更新，搭建系统化的服务体系，是智慧化图书馆构建的重要一环。

图书馆的进化史，实质上是互联网技术在图书馆应用的历史，从传统图书馆、数字化图书馆、智能化图书馆和智慧化图书馆四个发展阶段来看，每一步都伴随着技术的更新换代和融合创新。图书馆智慧化服务的根基是技术，所以构建与智慧图书馆相匹配的技术结构是公共图书馆走向智慧化的主要方向。目前，智能手机已基本普及，推广数字化阅读迫在眉睫，从政府层面来说，应充分发挥市场在公共图书馆资源配置中的作用，打通影响公共图书馆资源共享的壁垒，探索建立数字图书馆平台，降低投入成本，提高服务质量和数量，带动公共图书馆事业迈上新台阶。

在网络新媒体环境下构建公共图书馆阅读推广服务体系。互联网时代下公共图书馆的信息更加多样化，信息服务更加立体化，信息传递的空间更加广阔，信息服务体系的构建更加快速，群众的阅读习惯也开始发生变化，可阅读的途径和载体日益增多，选择也变得多元化，如电子阅览、快速阅览、集体式阅读、标题式阅读等，这些阅读形式已逐渐成为人们的主要阅读渠道。网络新媒体的出现，不仅对公共图书馆的阅读推广工作产生了深刻的影响，而且还在改变群众阅读习惯方面起到了至关重要的作用。公共图书馆可开通电子文献在线借阅服务，这是利用现代化技术设立的网络服务平台，可在线提供学术文献、报纸杂志、电子读物、论文、年鉴等阅读资源，无须线下查找和借阅、收取，只要出具相关证件并通过电子邮件或图书馆网络信息系统则可查找到心仪的资料，即使在家中也可享受无尽的阅读资源，拓宽了阅读推广的空间。此外，还可利用微信、博客、邮箱、微博、在线问答、QQ等网络交流平台推送服务，通过这类平台及时性、全面性、低门槛、公开化的特点开设公共图书馆的公众账号进行图书阅读宣传，实时与群众交流、互动，宣传公共图书馆的活动和解答群众疑惑，实现交流零障碍和零时差，提高公共图书馆的经济效益和社会效益，加强公共图书馆技术采纳与推广工作的互动交流，进而提高公共图书馆技术应用的针对性与实用性。对于中西部地区，由于读者受教育程度相对较低，利用公共图书馆数字技术服务的产品的能力略显不足，应积极构建读者数字信息服务的培训机制，增强利用相关数字技术服务的能力，同时注重对公共图书馆专业技术人员的技能培训。

2. 馆员素质是改善公共图书馆全要素生产率的关键

馆员是公共图书馆在新时代实现自身服务能力提升和转型发展的"核心"要素。"数据服务"和"以人为本"将成为"十四五"时期公共文化事业发展的主旋律。因此，壮大、优化公共图书馆的专业技术人才队伍是提升公共图书馆发展效率的重要举措。人才队伍建设工作直接关系到图书馆能否持续地为民众提供高质量、开放和平等的文化共享服务，公共图书馆在充分考虑到发展战略的同时，还要根据图书馆等级、读者人数比例和馆藏量等特点配备不同专业背景和学历层次的人才梯队。

3. 人口规模是公共图书馆全要素生产率提升过程不可忽视的重要因素

人口规模正向显著影响公共图书馆事业发展。图书馆硬件设施和馆舍面积应与区域人口规模相匹配的同时，可以通过横幅标语、抖音、微博等多种宣传形式，提升公共图书馆的知名度，定性推送图书馆的借阅方法、新书介绍、藏书情况，开展多元化、品牌化、常态化的阅读推广活动，如征文、讲座、绘本阅读等，吸引更多的读者进入图书馆。

4. 资源共享有效促进全要素生产率提升

公共图书馆事业发展受到区域非均衡发展规律的制约，当地居民的文化素养、人口规模、经济发展、政府支持等外部环境因素相当程度影响着公共图书馆发展效率，因此推进区域公共文化服务均衡发展势在必行，各地政府要以构建普遍均等的公共图书馆资源服务体系为目标，促进省、市、县等各级公共图书馆资源流动和联动合作，共享文献资源，让更多居民可以更加便捷和更节省成本地享受公共图书馆优质服务。同时，加大西部地区公共图书馆的财政支持力度，充分挖掘区域优势，从而全面促进不同区域、不同层级的公共图书馆共同发展。

5. 引导公共图书馆适度规模运营，不断推进公共图书馆管理体制的创新

公共图书馆作为城市文化"客厅"，完善公共图书馆服务要素的流动共享机制，鼓励服务资源的合理流动。构建区域间公共图书馆技术、人才等资源的流动机制，在一定程度上保障公共图书馆提供优质服务内容，进一步提升服务的技术效率，对全要素生产率的增长产生正向作用。我国公共图书馆的资源配置整体上存在较大的改进空间，亟待提升公共图书馆资源配置的合理性以及有效性，更好地利用已有资源，继续开发更大范围的相关资源，使公共图书馆服务于民的作用得以最大程度地发挥。

公共图书馆数字资源共建共享建设在争取政府拨款的同时，还可以利用区块链技术的去中心化构建数字资源共建共享生态，让读者、馆员或机构参与到数字资源共建共享建设中，既是数字资源的信息消费者又是信息生产者。通过激活社会力量，以达到对有限资源的充分利用，从而化解公共图书馆有限资源与无限阅读需求之间的矛盾，实现公共图书馆职能的扩大化、社会化和服务化，同时促进公共图书馆自身的可持续发展，使数字资源共建共享。

积极引导公共图书馆实现适度规模运行。本书第六章中公共图书馆全要素生产率测评结果显示，规模效率对公共图书馆全要素生产率具有抑制作用，因此现代公共图书馆事业可持续发展的方向之一就是适度规模运营。我国地域广袤，经济与社会发展水平差异较大，公共图书馆事业同样如此，这也是前些年总分馆建设主要集中在东部地区，且各地建设模式各异的重要原因。即使在创建示范区和政府主导下开展总分馆建设，其制度设计仍然存在如何绕过体制障碍的问题，这个问题其实是要平衡结合实际、因地制宜与符合总分馆客观规律之间的关系。随着"互联网+"概念的

提出，有些地方出现了"图书馆+"项目，并成为大家关注的话题，如社区投递(或投递到家)是"图书馆+物流"，图书馆设置到咖啡馆是"图书馆+咖啡馆"，图书馆与书店合作是"图书馆+书店"，其实，"图书馆+汽车"而产生的"流动图书馆"业界已经用了许多年。这些项目是图书馆利用新概念、新技术的服务设计，通过图书馆与新技术或其他业态的融合而成为图书馆的服务创新项目，有的成为图书馆服务的新内容，有的延伸了服务、方便了读者，还有的成为总分馆的组成部分和有效补充。

创新公共图书馆的管理体制，推动从投入驱动模式到管理创新驱动模式的转型，传统的公共图书馆服务管理的政策体制的设立有两种"思维陷阱"：一是公共文化服务机构的管理低效时，经常借助于加大公共资源投入这一渠道，提升公共服务机构的供给水平和效率，而这种以增加公共投入推动服务事业建设的投入驱动模式并再适合于我国公共图书馆目前所处的发展阶段，本书的实证部分结论也印证了这一状况；二是在投入资源不足的情况下，各级地方政府只能选择通过机制创新和体制改革来改善公共文化服务机构的资源管理能力和效率水平。因此，现阶段包括图书馆行业在内的国家文化体制改革，已从整体上进入到增加财政投入与管理体制创新相互嵌套、互为前提的新阶段，提升传统文化行业(包括图书馆行业)绩效已是一个多因素组合、管理和财政发挥综合作用的过程，传统文化行业的绩效不仅是经费问题，而且是体制机制问题，原来一味"增人加钱"的老路，已不适应当前传统文化行业的发展变化。因此，需要确立将管理创新、制度创新作为推动新时期文化行业发展最重要的动力来源的政策思路，从而实现从投入驱动模式到管理创新驱动模式的动能转换。例如，应大力推进公共图书馆总分馆制建设，优化基层公共文化服务空间布局，提高公共服务的基本覆盖面。贯彻2016年12月国家六部委联合发布的《关于推进县级文化馆图书馆总分馆制建设的指导意见》，推进以县级文化馆、图书馆为中心的总分馆制建设，有效整合公共文化资源、提高公共文化服务效能。创新"图书馆+"服务模式，促进图书馆日常化、生活化，如"图书馆+书店""图书馆+银行""图书馆+咖啡馆""图书馆+地铁站""图书馆+网吧"等，并通过公共图书馆的阅读推广平台整合各种社会阅读力量，定期开展阅读推广活动，让图书馆充分融入居民的日常生活当中。

三、研究展望

公共图书馆效率和全要素生产率的研究一直是公共图书馆关注的研究热点，特别是随着《中华人民共和国公共图书馆法》的实施，公共图书馆越来越注重读者基本文化权益的保障，我国公共图书馆服务效率和全要素生产率评价研究是一个不断发展变化的课题。尽管本书对我国公共图书馆效率和全要素生产率问题进行了比较深入系统的研究，取得了一些研究成果，但受到服务创新的统计数据可获得性的制约，本书构建的指标体系受到一定限制。此外，受时间、所掌握的数据资料、研究经验和水平等因素的限制，仍有一些重要问题未能在研究中得到深入探讨，还需要做更为深入的研究，以充实和完善本书的研究内容，从而更加深入全面地把握我国公共图书馆服务效能，促进我国公共图书馆事业高质量发展。具体而言，在今后的研究中，还有以下几个方面的问题值得进一步深入探讨：

(1)本书主要研究了我国公共图书馆效率与全要素生产率状况，但对于图书馆业效率的国际比较还没有进行探讨。因此，下一步研究可以选择一些代表性发达国家，研究这些国家的公共图书馆效率，并将其与我国公共图书馆效率进行比较，找到我国与发达国家公共图书馆事业发展上的差距，并进一步研究产生这一差距的根源。

(2)丰富影响因素维度。若能够收集到更多数据，未来可以从更多的角度进行全方位的影响因素指标选择，如将文化制度环境、信息基础设施等因素纳入公共图书馆效率与全要素生产率的影响研究中，以期拓展延伸公共图书馆服务效能的研究成果。

(3)当前，我国公共服务效率在不同层级政府间的分布呈现非匀质特征，具体到公共图书馆领域，本书以省域公共图书馆为研究样本进行实证测量，以同一层级的公共图书馆为研究对象进行效率测算，忽略了公共图书馆的层级差异，对于同一省份或同一区域内不同层级公共图书馆的效率测算没有涉及。因此，下一步的研究方向将收集基于省、市、县三级公共图书馆的面板数据，科学测算各级公共图书馆的服务效率并辨别效率演变的根本动因。

附　录

附录 A　2018~2019 年我国发布的与图书馆相关的政策文件

序号	发布年份	发布机构	文件名称
1	2018 年	江苏省人民政府办公厅	智慧江苏建设三年行动计划（2018-2020 年）
2	2018 年	北京市海淀区人民政府	海淀区图书馆文化馆总分馆制建设及深入推进图书馆文化馆法人治理结构改革实施方案
3	2018 年	长春市人民政府办公厅	长春市国家服务业综合改革试点实施方案（2018-2022 年）
4	2018 年	鄂尔多斯市人民政府办公厅	鄂尔多斯市推进公共图书馆总分馆建设工作方案
5	2018 年	三亚市人民政府办公室	关于政府向社会力量购买公共文化服务的实施意见
6	2018 年	固原市人民政府办公室	固原市创建国家公共文化服务体系示范区建设规划（2018-2020 年）
7	2018 年	山西省委宣传部等 11 部门	关于支持实体书店发展的实施意见
8	2018 年	北京市石景山区人民政府	石景山区创建国家公共文化服务体系示范区规划（2018-2020 年）
9	2018 年	北京市海淀区人民政府	关于持续推进现代公共文化服务体系创新发展的意见（2018-2020 年）

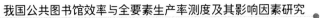

续表

序号	发布年份	发布机构	文件名称
10	2018年	中共北京市委、北京市人民政府	关于推进文化创意产业创新发展的意见
11	2018年	北京市文化局	关于推动北京市文化文物单位文化创意产品开发试点工作的实施意见
12	2018年	黄石市文化和旅游局	基本公共文化服务实施标准（2017-2020年）
13	2018年	嘉兴市文化广电新闻出版局 嘉兴市财政局	关于推进嘉兴智慧书房建设的实施意见
14	2018年	国家新闻出版广电总局	关于开展2018年全民阅读工作的通知
15	2018年	三明市文化和旅游局	三明市农家书屋深化改革创新提升服务效能实施办法
16	2018年	延边州人民政府办公室	延边州贯彻落实《吉林省"十三五"兴边富民行动规划》实施方案
17	2018年	来宾市人民政府办公室	来宾数字经济社会发展三年行动计划（2018-2020年）
18	2018年	宝鸡市政务公开办公室	宝鸡市推进基本公共服务均等化三年行动计划（2018-2020年）
19	2018年	湖北省人民代表大会常务委员会	湖北省公共文化服务保障条例
20	2018年	贵阳市人民政府办公厅	贵阳市推进基层综合性文化服务中心建设实施方案
21	2018年	深圳市文体旅游局	深圳文化创新发展2020（实施方案）
22	2018年	福州市人民政府	福州市基本公共文化服务指导目录

序号	发布年份	发布机构	文件名称
23	2018 年	济源市文化广电新闻出版局	济源市村级文化管理员管理暂行办法(试行)
24	2018 年	济源市文化广电新闻出版局	济源市文化产业示范园区管理办法(试行)
25	2018 年	铜川市商务局	铜川市商务局创建国家公共文化服务体系示范区 2018 年度宣传工作方案
26	2018 年	中共佛山市委组织部、佛山市文化广电新闻出版局、佛山市人力资源和社会保障局、佛山市财政局	佛山市文化英才扶持工程实施细则
27	2018 年	佛山市文化广电新闻出版局	佛山市文化广电新闻出版局基层公共文化服务体系建设扶持办法
28	2018 年	拉萨市人民政府办公厅	拉萨市非物质文化遗产项目代表性传承人认定与管理办法
29	2018 年	拉萨市人民政府办公厅	政府向社会力量购买公共文化服务的实施意见
30	2018 年	拉萨市人民政府办公厅	拉萨市公共文化服务机构运营的公众参与办法
31	2018 年	中共温州市委办公室、温州市人民政府办公室	关于创建国家公共文化服务体系示范区的实施意见、温州市创建国家公共文化服务体系师范区规划(2018－2020 年)
32	2018 年	威海市人民政府办公室	关于进一步推进县及县以下历史文化展示工程建设方案
33	2018 年	许昌市政府办公室	许昌市创建国家公共文化服务体系示范区规划(2018－2020 年)
34	2018 年	中山市政府办公室	中山市创建国家公共文化服务体系示范区规划(2018－2020 年)

续表

序号	发布年份	发布机构	文件名称
35	2018 年	中山市人民政府办公室	中山市创建国家公共文化服务体系示范区规划(2018-2020 年)
36	2019 年	沧州市人民政府办公室	沧州市公共文化服务体系建设三年提升计划(2019-2021 年)
37	2019 年	黄冈市人民政府办公室	关于进一步推进公共文化服务社会化发展的实施意见
38	2019 年	温州市文化广电旅游局 温州市财政局	温州市社会文艺团队扶持补助办法(试行)
39	2019 年	威海市人民政府	威海市非物质文化遗产保护办法
40	2019 年	淮上区文广体旅局	淮上区关于加快构建现代公共文化服务体系的实施方案
41	2019 年	福州市文化和旅游局、福州市财政局	关于进一步加强福州市非物质文化遗产保护工作的十条措施

附表 B 基于传统 DEA 模型的 2011～2020 年我国公共图书馆效率及其分解结果

表 B-1 2011～2020 年我国省际公共图书馆技术效率

地区	2011 年	2012 年	2013 年	2014 年	2015 年	2016 年	2017 年	2018 年	2019 年	2020 年
北京市	0.798	0.782	1.000	0.836	0.784	0.850	0.676	0.958	0.969	0.305
天津市	0.720	0.650	0.811	0.637	0.670	0.699	0.685	0.738	0.609	0.407
河北省	0.778	0.926	0.815	0.689	0.774	0.983	0.827	0.856	0.851	0.439
山西省	0.633	0.929	0.599	0.490	0.820	0.540	0.719	0.897	1.000	0.685
内蒙古自治区	0.397	0.439	0.535	0.447	0.396	0.420	0.466	0.512	0.471	0.446
辽宁省	0.734	0.766	0.802	0.867	0.656	0.713	0.736	0.749	0.767	0.604

地区	2011 年	2012 年	2013 年	2014 年	2015 年	2016 年	2017 年	2018 年	2019 年	2020 年
吉林省	0.477	0.492	0.412	0.542	0.520	0.539	0.451	0.483	0.479	0.272
黑龙江省	0.914	1.000	0.990	0.552	0.445	0.434	0.462	0.603	0.561	0.215
上海市	0.964	0.891	1.000	1.000	1.000	1.000	1.000	1.000	0.969	0.625
江苏省	1.000	1.000	1.000	1.000	0.931	1.000	1.000	1.000	1.000	1.000
浙江省	1.000	1.000	1.000	1.000	1.000	1.000	1.000	1.000	1.000	1.000
安徽省	0.909	1.000	0.915	1.000	0.930	0.864	0.975	1.000	1.000	0.832
福建省	1.000	1.000	1.000	1.000	1.000	0.976	1.000	1.000	1.000	0.832
江西省	1.000	1.000	1.000	1.000	0.963	1.000	1.000	0.940	0.900	0.752
山东省	0.961	1.000	0.817	0.887	0.651	0.766	0.777	0.877	0.911	0.658
河南省	1.000	1.000	0.891	0.953	0.909	0.840	0.895	0.838	0.886	0.724
湖北省	0.807	1.000	0.758	0.706	0.640	0.642	0.630	0.634	0.621	0.464
湖南省	1.000	0.956	1.000	0.848	0.770	1.000	0.920	0.854	0.917	0.933
广东省	1.000	1.000	1.000	1.000	1.000	1.000	1.000	1.000	1.000	0.866
广西壮族自治区	1.000	1.000	0.852	1.000	0.873	0.843	1.000	0.832	0.725	0.451
海南省	0.400	0.615	0.619	0.605	0.826	0.586	0.770	0.760	0.766	0.541
重庆市	0.818	1.000	1.000	1.000	0.995	1.000	0.852	0.895	0.862	0.900
四川省	0.643	0.783	0.560	0.676	0.599	0.762	0.831	0.635	0.593	0.512
贵州省	0.444	0.678	0.481	0.477	0.470	0.455	0.439	0.512	0.462	0.540
云南省	0.863	0.777	0.876	0.772	0.858	0.649	0.597	0.670	0.614	0.572
西藏自治区	0.376	0.194	0.197	0.119	0.136	0.184	0.104	0.115	0.105	0.122
陕西省	0.478	0.574	0.655	0.623	0.633	0.600	0.611	0.603	0.554	0.446
甘肃省	0.483	0.576	0.520	0.499	0.491	0.471	0.463	0.490	0.499	0.378
青海省	0.744	0.623	0.441	0.343	0.232	0.238	0.270	0.313	0.272	0.212
宁夏回族自治区	0.501	0.425	0.506	0.443	0.421	0.427	0.537	0.552	0.540	0.505
新疆维吾尔自治区	0.601	0.875	0.626	0.445	0.453	0.447	0.302	0.348	0.459	0.223

表 B-2　2011~2020 年我国省际公共图书馆纯技术效率

地区	2011 年	2012 年	2013 年	2014 年	2015 年	2016 年	2017 年	2018 年	2019 年	2020 年
北京市	0.849	0.828	1.000	0.928	0.930	1.000	0.676	1.000	1.000	0.478
天津市	0.794	0.689	0.862	0.749	0.838	0.851	0.685	0.867	0.745	0.499
河北省	0.805	0.939	0.831	0.726	0.883	0.994	0.827	0.886	0.900	0.579
山西省	0.664	0.959	0.650	0.561	0.999	0.622	0.719	1.000	1.000	0.779
内蒙古自治区	0.441	0.472	0.586	0.511	0.482	0.474	0.466	0.604	0.573	0.552
辽宁省	0.741	0.776	0.817	0.895	0.701	0.718	0.736	0.794	0.798	0.713
吉林省	0.526	0.538	0.505	0.609	0.663	0.652	0.451	0.612	0.632	0.457
黑龙江省	0.933	1.000	1.000	0.604	0.559	0.555	0.462	0.724	0.670	0.479
上海市	0.986	0.912	1.000	1.000	1.000	1.000	1.200	1.000	1.000	0.725
江苏省	1.000	1.000	1.000	1.000	1.000	1.000	1.442	1.000	1.000	1.000
浙江省	1.000	1.000	1.000	1.000	1.000	1.000	1.426	1.000	1.000	1.000
安徽省	0.934	1.000	1.000	1.000	1.000	1.000	0.975	1.000	1.000	0.943
福建省	1.000	1.000	1.000	1.000	1.000	1.000	1.129	1.000	1.000	0.890
江西省	1.000	1.000	1.000	1.000	1.000	1.000	1.207	0.988	0.956	0.894
山东省	0.961	1.000	0.925	0.887	0.794	0.939	0.777	0.892	0.926	0.704
河南省	1.000	1.000	0.993	0.967	1.000	1.000	0.895	0.879	0.939	0.767
湖北省	0.819	1.000	0.895	0.721	0.757	0.773	0.630	0.660	0.648	0.525
湖南省	1.000	0.968	1.000	0.872	0.839	1.000	0.920	0.882	0.937	1.000
广东省	1.000	1.000	1.000	1.000	1.000	1.000	1.579	1.000	1.000	0.867
广西壮族自治区	1.000	1.000	0.888	1.000	0.955	0.906	1.002	0.894	0.773	0.569
海南省	0.553	0.823	0.807	0.875	1.000	0.967	0.770	1.000	1.000	0.860
重庆市	0.857	1.000	1.000	1.000	1.000	1.000	0.852	1.000	0.964	0.993
四川省	0.658	0.784	0.642	0.687	0.691	0.817	0.831	0.675	0.637	0.554
贵州省	0.486	0.744	0.640	0.577	0.728	0.774	0.439	0.641	0.592	0.669
云南省	0.886	0.793	0.920	0.806	0.906	0.761	0.597	0.747	0.678	0.660
西藏自治区	1.000	1.000	1.000	1.000	1.000	1.000	0.104	1.000	1.000	1.000
陕西省	0.516	0.612	0.740	0.685	0.809	0.736	0.611	0.686	0.647	0.546

地区	2011 年	2012 年	2013 年	2014 年	2015 年	2016 年	2017 年	2018 年	2019 年	2020 年
甘肃省	0.533	0.619	0.630	0.556	0.662	0.683	0.463	0.605	0.627	0.517
青海省	0.980	0.781	0.787	0.910	0.963	0.933	0.270	0.962	0.984	0.741
宁夏回族自治区	0.598	0.539	0.656	0.595	0.708	0.790	0.537	0.824	0.855	1.000
新疆维吾尔自治区	0.635	0.915	0.685	0.505	0.556	0.568	0.302	0.519	0.622	0.585

表 B-3　2011～2020 年我国省际公共图书馆规模效率

地区	2011 年	2012 年	2013 年	2014 年	2015 年	2016 年	2017 年	2018 年	2019 年	2020 年
北京市	0.939	0.944	1.000	0.901	0.843	0.850	1.000	0.958	0.969	0.638
天津市	0.907	0.943	0.940	0.850	0.799	0.822	1.000	0.851	0.818	0.815
河北省	0.967	0.986	0.980	0.950	0.876	0.989	1.000	0.966	0.946	0.759
山西省	0.953	0.969	0.923	0.873	0.821	0.868	1.000	0.897	1.000	0.879
内蒙古自治区	0.899	0.931	0.913	0.876	0.822	0.886	1.000	0.848	0.821	0.809
辽宁省	0.991	0.987	0.982	0.969	0.935	0.993	1.000	0.943	0.961	0.847
吉林省	0.908	0.914	0.815	0.890	0.785	0.827	1.000	0.789	0.758	0.595
黑龙江省	0.980	1.000	0.990	0.914	0.796	0.781	1.000	0.833	0.837	0.449
上海市	0.978	0.977	1.000	1.000	1.000	1.000	0.834	1.000	0.969	0.863
江苏省	1.000	1.000	1.000	1.000	0.931	1.000	0.693	1.000	1.000	1.000
浙江省	1.000	1.000	1.000	1.000	1.000	1.000	0.701	1.000	1.000	1.000
安徽省	0.973	1.000	0.915	1.000	0.930	0.864	1.000	1.000	1.000	0.882
福建省	1.000	1.000	1.000	1.000	1.000	0.976	0.886	1.000	1.000	0.935
江西省	1.000	1.000	1.000	1.000	0.963	1.000	0.829	0.951	0.941	0.842
山东省	1.000	1.000	0.883	1.000	0.820	0.816	1.000	0.983	0.984	0.935
河南省	1.000	1.000	0.897	0.986	0.909	0.840	1.000	0.954	0.943	0.944
湖北省	0.985	1.000	0.847	0.979	0.846	0.831	1.000	0.961	0.958	0.882
湖南省	1.000	0.987	1.000	0.972	0.917	1.000	1.000	0.968	0.979	0.933
广东省	1.000	1.000	1.000	1.000	1.000	1.000	0.633	1.000	1.000	0.999

续表

地区	2011 年	2012 年	2013 年	2014 年	2015 年	2016 年	2017 年	2018 年	2019 年	2020 年
广西壮族自治区	1.000	1.000	0.960	1.000	0.914	0.931	0.998	0.930	0.938	0.794
海南省	0.723	0.747	0.767	0.691	0.826	0.606	1.000	0.760	0.766	0.630
重庆市	0.954	1.000	1.000	1.000	0.995	1.000	1.000	0.895	0.894	0.901
四川省	0.977	0.999	0.872	0.984	0.868	0.932	1.000	0.942	0.930	0.922
贵州省	0.915	0.911	0.752	0.827	0.645	0.588	1.000	0.798	0.781	0.807
云南省	0.975	0.980	0.952	0.958	0.947	0.853	1.000	0.898	0.905	0.866
西藏自治区	0.376	0.194	0.197	0.119	0.136	0.184	1.000	0.115	0.105	0.122
陕西省	0.926	0.938	0.885	0.909	0.783	0.815	1.000	0.880	0.855	0.817
甘肃省	0.906	0.930	0.825	0.898	0.742	0.690	1.000	0.810	0.796	0.731
青海省	0.759	0.797	0.561	0.377	0.241	0.255	1.000	0.326	0.277	0.286
宁夏回族自治区	0.837	0.788	0.771	0.744	0.594	0.541	1.000	0.669	0.632	0.505
新疆维吾尔自治区	0.946	0.956	0.915	0.881	0.814	0.786	1.000	0.670	0.738	0.381

附录 C 2011~2020 年我国公共图书馆 Malmquist 生产率指数及其分解估计结果

表 C-1 2011~2012 年我国公共图书馆 Malmquist 生产率指数及分解

地区	技术效率变化	技术进步指数	纯技术效率	规模效率	TFP 指数（Malmquist 生产率指数）
北京市	1.153	0.934	1.118	1.031	1.076
天津市	0.843	0.971	0.840	1.004	0.819
河北省	1.657	0.826	1.588	1.044	1.368
山西省	1.162	1.126	1.163	1.000	1.309
内蒙古自治区	1.125	1.067	1.120	1.004	1.200
辽宁省	1.207	0.906	1.195	1.010	1.094
吉林省	1.054	0.900	1.045	1.008	0.948

地区	技术效率变化	技术进步指数	纯技术效率	规模效率	TFP 指数（Malmquist 生产率指数）
黑龙江省	1.398	0.831	1.370	1.020	1.162
上海市	1.145	0.909	1.113	1.029	1.041
江苏省	1.000	1.059	1.000	1.000	1.059
浙江省	1.000	0.973	1.000	1.000	0.973
安徽省	1.000	0.968	1.000	1.000	0.968
福建省	1.000	1.007	1.000	1.000	1.007
江西省	1.191	0.917	1.153	1.033	1.093
山东省	1.167	0.920	1.164	1.002	1.074
河南省	1.000	0.748	1.000	1.000	0.748
湖北省	1.137	1.030	1.127	1.009	1.172
湖南省	1.000	0.900	1.000	1.000	0.900
广东省	1.000	1.119	1.000	1.000	1.119
广西壮族自治区	1.092	0.851	1.062	1.028	0.929
海南省	1.514	1.019	1.484	1.020	1.544
重庆市	1.000	1.532	1.000	1.000	1.532
四川省	1.150	1.035	1.141	1.008	1.191
贵州省	1.537	0.957	1.492	1.031	1.472
云南省	0.908	0.990	0.902	1.007	0.899
西藏自治区	0.251	1.176	1.000	0.251	0.295
陕西省	1.162	1.078	1.166	0.996	1.253
甘肃省	1.163	0.955	1.145	1.015	1.110
青海省	0.917	0.998	0.826	1.109	0.914
宁夏回族自治区	0.814	1.059	0.895	0.909	0.862
新疆维吾尔自治区	1.318	1.052	1.310	1.006	1.386

表 C-2 2012~2013 年我国公共图书馆 Malmquist 生产率指数及分解

地区	技术效率变化	技术进步指数	纯技术效率	规模效率	TFP 指数
北京市	1.531	0.997	1.428	1.072	1.527
天津市	1.648	0.990	1.521	1.083	1.632
河北省	0.979	0.993	0.978	1.000	0.972
山西省	0.736	0.795	0.766	0.962	0.586
内蒙古自治区	1.190	0.995	1.132	1.051	1.184
辽宁省	1.016	0.923	1.027	0.990	0.937
吉林省	0.898	0.894	0.965	0.931	0.802
黑龙江省	0.894	0.976	0.938	0.952	0.873
上海市	1.000	1.474	1.000	1.000	1.474
江苏省	1.000	1.008	1.000	1.000	1.008
浙江省	1.000	0.996	1.000	1.000	0.996
安徽省	0.914	0.971	0.919	0.994	0.888
福建省	1.000	0.941	1.000	1.000	0.941
江西省	1.000	1.049	1.000	1.000	1.049
山东省	0.788	0.999	0.796	0.990	0.787
河南省	0.898	0.949	0.907	0.991	0.852
湖北省	1.013	0.939	1.039	0.975	0.951
湖南省	1.000	0.993	1.000	1.000	0.993
广东省	1.000	0.941	1.000	1.000	0.941
广西壮族自治区	0.878	0.936	0.894	0.981	0.822
海南省	1.135	0.911	1.115	1.018	1.034
重庆市	1.000	0.523	1.000	1.000	0.523
四川省	0.740	0.885	0.908	0.815	0.655
贵州省	1.031	0.886	1.050	0.982	0.914
云南省	1.275	0.843	1.252	1.019	1.074
西藏自治区	2.090	0.835	1.000	2.090	1.744
陕西省	1.716	0.657	1.610	1.066	1.128

地区	技术效率变化	技术进步指数	纯技术效率	规模效率	TFP 指数
甘肃省	0.918	0.986	0.915	1.003	0.905
青海省	1.714	0.732	1.824	0.940	1.255
宁夏回族自治区	1.208	0.990	1.159	1.042	1.196
新疆维吾尔自治区	0.781	0.816	0.790	0.989	0.638

表 C-3　2013~2014 年我国公共图书馆 Malmquist 生产率指数及分解

地区	技术效率变化	技术进步指数	纯技术效率	规模效率	TFP 指数
北京市	0.918	0.910	0.989	0.928	0.836
天津市	0.926	1.007	0.991	0.934	0.932
河北省	0.819	1.048	0.839	0.977	0.858
山西省	0.806	1.028	0.818	0.986	0.829
内蒙古自治区	0.854	1.028	0.908	0.941	0.878
辽宁省	1.099	1.077	1.107	0.993	1.183
吉林省	1.206	1.093	1.145	1.053	1.318
黑龙江省	0.936	1.046	0.895	1.046	0.980
上海市	1.000	1.180	1.000	1.000	1.180
江苏省	1.000	1.047	1.000	1.000	1.047
浙江省	1.000	1.005	1.000	1.000	1.005
安徽省	1.094	1.073	1.088	1.006	1.174
福建省	1.000	0.986	1.000	1.000	0.986
江西省	1.000	1.028	1.000	1.000	1.028
山东省	1.181	1.033	1.188	0.994	1.220
河南省	1.114	1.026	1.103	1.009	1.142
湖北省	0.997	0.999	0.986	1.011	0.996
湖南省	1.000	0.986	1.000	1.000	0.986
广东省	1.000	1.215	1.000	1.000	1.215

地区	技术效率变化	技术进步指数	纯技术效率	规模效率	TFP 指数
广西壮族自治区	1.139	1.119	1.118	1.019	1.274
海南省	0.888	0.993	1.087	0.817	0.882
重庆市	1.000	1.021	1.000	1.000	1.021
四川省	1.724	0.963	1.404	1.228	1.661
贵州省	1.055	0.994	1.024	1.030	1.048
云南省	1.000	1.097	1.000	1.000	1.097
西藏自治区	1.382	1.207	1.000	1.382	1.668
陕西省	0.808	1.031	0.849	0.951	0.833
甘肃省	1.008	0.997	1.010	0.998	1.004
青海省	1.298	1.049	1.094	1.187	1.361
宁夏回族自治区	0.971	1.038	1.194	0.813	1.008
新疆维吾尔自治区	0.840	1.095	0.849	0.990	0.920

表 C-4　2014~2015 年我国公共图书馆 Malmquist 生产率指数及分解

地区	技术效率变化	技术进步指数	纯技术效率	规模效率	TFP 指数
北京市	0.848	1.187	0.932	0.910	1.007
天津市	0.871	1.242	0.962	0.906	1.082
河北省	1.141	1.013	1.241	0.919	1.155
山西省	1.500	1.092	1.630	0.920	1.639
内蒙古自治区	0.867	1.111	0.948	0.915	0.963
辽宁省	0.743	1.120	0.769	0.967	0.832
吉林省	0.940	1.168	1.028	0.914	1.098
黑龙江省	0.735	1.145	0.879	0.836	0.842
上海市	1.000	1.086	1.000	1.000	1.086
江苏省	1.000	1.009	1.000	1.000	1.009
浙江省	1.000	1.209	1.000	1.000	1.209
安徽省	0.944	1.015	1.000	0.944	0.958

地区	技术效率变化	技术进步指数	纯技术效率	规模效率	TFP 指数
福建省	1.000	1.017	1.000	1.000	1.017
江西省	0.977	0.877	1.000	0.977	0.856
山东省	0.728	1.068	0.742	0.980	0.777
河南省	0.943	1.054	1.000	0.943	0.994
湖北省	0.910	1.120	0.925	0.984	1.019
湖南省	1.000	1.122	1.000	1.000	1.122
广东省	1.000	1.132	1.000	1.000	1.132
广西壮族自治区	0.900	1.044	0.958	0.939	0.940
海南省	1.360	1.122	1.000	1.360	1.526
重庆市	1.000	1.317	1.000	1.000	1.317
四川省	0.601	1.205	0.602	0.999	0.724
贵州省	0.949	1.105	1.168	0.812	1.049
云南省	0.929	1.075	0.931	0.998	0.999
西藏自治区	0.617	1.310	1.000	0.617	0.808
陕西省	0.879	1.241	0.909	0.967	1.090
甘肃省	0.962	1.075	1.039	0.926	1.035
青海省	0.618	1.161	1.000	0.618	0.717
宁夏回族自治区	0.892	1.125	1.025	0.870	1.004
新疆维吾尔自治区	1.247	1.333	1.217	1.024	1.662

表 C-5　2015~2016 年我国公共图书馆 Malmquist 生产率指数及分解

地区	技术效率变化	技术进步指数	纯技术效率	规模效率	TFP 指数
北京市	1.122	1.061	1.069	1.049	1.191
天津市	1.035	1.028	1.026	1.009	1.064
河北省	1.256	1.103	1.126	1.116	1.385
山西省	0.574	1.066	0.534	1.075	0.612
内蒙古自治区	1.105	1.002	1.046	1.056	1.107

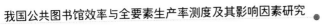

续表

地区	技术效率变化	技术进步指数	纯技术效率	规模效率	TFP 指数
辽宁省	1.073	1.070	1.045	1.027	1.148
吉林省	0.977	1.009	0.983	0.994	0.987
黑龙江省	1.020	1.023	0.989	1.032	1.044
上海市	1.000	0.996	1.000	1.000	0.996
江苏省	0.823	1.212	0.836	0.985	0.998
浙江省	1.000	1.197	1.000	1.000	1.197
安徽省	0.946	1.023	0.993	0.953	0.968
福建省	1.000	0.993	1.000	1.000	0.993
江西省	1.024	1.246	1.000	1.024	1.276
山东省	1.191	0.988	1.162	1.025	1.177
河南省	1.060	1.009	1.000	1.060	1.070
湖北省	1.003	1.054	0.983	1.021	1.058
湖南省	1.000	1.065	1.000	1.000	1.065
广东省	1.000	0.991	1.000	1.000	0.991
广西壮族自治区	0.997	1.072	0.970	1.028	1.069
海南省	1.211	1.936	1.000	1.211	2.345
重庆市	1.000	1.041	1.000	1.000	1.041
四川省	1.280	1.060	1.289	0.993	1.357
贵州省	0.963	1.020	0.983	0.979	0.982
云南省	0.813	1.152	0.812	1.001	0.937
西藏自治区	0.943	1.134	1.000	0.943	1.069
陕西省	0.929	1.073	0.882	1.053	0.997
甘肃省	0.991	1.017	1.003	0.989	1.009
青海省	0.687	1.613	0.885	0.776	1.108
宁夏回族自治区	1.035	0.990	1.005	1.030	1.025
新疆维吾尔自治区	0.666	1.213	0.703	0.948	0.808

表 C-6 2016~2017 年我国公共图书馆 Malmquist 生产率指数及分解

地区	技术效率变化	技术进步指数	纯技术效率	规模效率	TFP 指数
北京市	0.770	1.259	0.816	0.943	0.969
天津市	0.998	1.038	0.922	1.082	1.036
河北省	0.843	1.045	0.991	0.850	0.880
山西省	1.327	1.125	1.439	0.922	1.492
内蒙古自治区	1.065	1.026	1.091	0.976	1.092
辽宁省	1.032	1.081	1.062	0.972	1.116
吉林省	0.835	1.084	0.908	0.920	0.905
黑龙江省	1.017	1.059	1.143	0.890	1.077
上海市	1.000	0.489	1.000	1.000	0.489
江苏省	1.099	0.916	1.083	1.014	1.006
浙江省	1.000	1.107	1.000	1.000	1.107
安徽省	1.093	0.949	1.007	1.085	1.037
福建省	1.000	1.432	1 000	1.000	1.432
江西省	1.000	1.041	1.000	1.000	1.041
山东省	0.963	1.011	0.971	0.991	0.973
河南省	0.895	1.047	0.972	0.921	0.937
湖北省	0.921	1.034	0.985	0.935	0.952
湖南省	0.974	1.072	0.986	0.988	1.044
广东省	1.000	1.246	1.000	1.000	1.246
广西壮族自治区	1.114	1.106	1.076	1.036	1.232
海南省	0.770	1.093	1.000	0.770	0.841
重庆市	0.850	1.071	0.962	0.883	0.910
四川省	1.080	1.061	1.078	1.002	1.146
贵州省	0.823	1.113	0.853	0.965	0.917
云南省	0.829	1.126	0.945	0.877	0.933
西藏自治区	0.706	1.140	1.000	0.706	0.805
陕西省	0.974	1.119	1.065	0.915	1.090

续表

地区	技术效率变化	技术进步指数	纯技术效率	规模效率	TFP 指数
甘肃省	0.951	1.041	0.979	0.971	0.989
青海省	0.988	1.230	1.091	0.906	1.216
宁夏回族自治区	1.217	0.988	1.128	1.080	1.202
新疆维吾尔自治区	0.672	1.161	0.902	0.745	0.780

表 C-7 2017~2018 年我国公共图书馆 Malmquist 生产率指数及分解

地区	技术效率变化	技术进步指数	纯技术效率	规模效率	TFP 指数
北京市	1.357	1.047	1.242	1.092	1.421
天津市	1.078	0.963	1.118	0.964	1.038
河北省	1.011	1.121	0.897	1.126	1.133
山西省	1.559	1.108	1.314	1.187	1.727
内蒙古自治区	1.099	0.947	1.094	1.005	1.040
辽宁省	1.018	1.100	1.016	1.002	1.120
吉林省	0.985	0.999	1.060	0.929	0.984
黑龙江省	1.303	1.094	1.152	1.132	1.425
上海市	1.000	0.892	1.000	1.000	0.892
江苏省	1.020	0.943	1.027	0.993	0.961
浙江省	1.000	0.981	1.000	1.000	0.981
安徽省	1.025	1.202	1.000	1.025	1.232
福建省	1.000	0.474	1.000	1.000	0.474
江西省	0.898	1.069	0.952	0.944	0.960
山东省	1.106	1.052	1.190	0.929	1.164
河南省	0.937	0.982	0.904	1.036	0.920
湖北省	1.058	0.948	1.058	1.001	1.003
湖南省	1.004	0.974	1.004	1.001	0.978
广东省	1.000	1.142	1.000	1.000	1.142

地区	技术效率变化	技术进步指数	纯技术效率	规模效率	TFP 指数
广西壮族自治区	0.832	1.185	0.894	0.930	0.986
海南省	1.255	0.906	1.000	1.255	1.137
重庆市	1.016	0.974	0.991	1.025	0.990
四川省	0.692	1.143	0.721	0.960	0.792
贵州省	1.159	0.892	0.978	1.185	1.034
云南省	1.078	1.060	1.045	1.032	1.142
西藏自治区	1.151	0.896	1.000	1.151	1.032
陕西省	1.056	0.950	0.969	1.090	1.004
甘肃省	1.061	0.955	1.067	0.994	1.013
青海省	1.428	0.740	0.998	1.430	1.056
宁夏回族自治区	1.027	0.944	0.997	1.031	0.970
新疆维吾尔自治区	1.138	1.022	1.096	1.038	1.163

表 C-8　2018~2019 年我国公共图书馆 Malmquist 生产率指数及分解

地区	技术效率变化	技术进步指数	纯技术效率	规模效率	TFP 指数
北京市	1.051	1.018	1.000	1.051	1.070
天津市	0.826	1.012	0.859	0.961	0.836
河北省	1.017	0.912	1.018	0.999	0.928
山西省	1.000	1.119	1.000	1.000	1.119
内蒙古自治区	0.919	1.045	0.949	0.969	0.960
辽宁省	1.024	0.926	1.005	1.019	0.948
吉林省	1.118	0.955	0.961	1.163	1.068
黑龙江省	0.930	0.883	0.925	1.005	0.821
上海市	0.968	0.896	1.000	0.968	0.867
江苏省	0.987	1.008	0.981	1.007	0.996
浙江省	1.000	1.377	1.000	1.000	1.377
安徽省	1.000	0.906	1.000	1.000	0.906

地区	技术效率变化	技术进步指数	纯技术效率	规模效率	TFP 指数
福建省	1.000	1.110	1.000	1.000	1.110
江西省	1.002	0.876	1.005	0.997	0.878
山东省	0.991	1.065	0.904	1.096	1.055
河南省	1.057	1.030	1.069	0.989	1.088
湖北省	0.941	1.059	0.923	1.019	0.996
湖南省	1.023	1.746	1.011	1.011	1.786
广东省	1.000	0.960	1.000	1.000	0.960
广西壮族自治区	0.871	1.009	0.864	1.008	0.879
海南省	0.805	1.189	1.000	0.805	0.958
重庆市	0.925	1.026	0.936	0.988	0.949
四川省	1.023	0.942	1.010	1.013	0.963
贵州省	0.906	1.056	0.948	0.956	0.957
云南省	0.910	0.960	0.908	1.001	0.873
西藏自治区	0.815	1.193	1.000	0.815	0.973
陕西省	0.816	1.152	0.921	0.886	0.941
甘肃省	1.016	1.001	1.037	0.980	1.017
青海省	0.602	1.304	0.995	0.605	0.785
宁夏回族自治区	0.979	1.028	1.013	0.966	1.006
新疆维吾尔自治区	1.239	1.011	1.172	1.057	1.253

表 C-9　2019~2020 年我国公共图书馆 Malmquist 生产率指数及分解

地区	技术效率变化	技术进步指数	纯技术效率	规模效率	TFP 指数
北京市	0.248	0.933	0.440	0.563	0.231
天津市	0.668	0.642	0.670	0.997	0.429
河北省	0.516	0.814	0.637	0.810	0.420
山西省	0.685	0.715	0.779	0.879	0.490
内蒙古自治区	0.948	0.621	0.963	0.985	0.589

地区	技术效率变化	技术进步指数	纯技术效率	规模效率	TFP 指数
辽宁省	0.904	0.881	0.937	0.965	0.796
吉林省	0.582	0.820	0.806	0.722	0.477
黑龙江省	0.384	0.898	0.715	0.537	0.345
上海市	0.417	0.875	0.510	0.818	0.365
江苏省	1.098	1.111	1.097	1.001	1.220
浙江省	1.000	0.691	1.000	1.000	0.691
安徽省	1.000	0.803	1.000	1.000	0.803
福建省	0.832	0.621	0.890	0.935	0.517
江西省	0.836	0.848	0.934	0.895	0.709
山东省	0.840	0.895	0.854	0.984	0.752
河南省	0.818	0.687	0.816	1.002	0.561
湖北省	0.739	0.674	0.805	0.918	0.498
湖南省	0.971	0.725	1.000	0.971	0.703
广东省	0.866	0.708	0.867	0.999	0.613
广西壮族自治区	0.647	0.883	0.740	0.874	0.571
海南省	0.696	0.674	1.000	0.696	0.469
重庆市	1.127	0.677	1.118	1.007	0.763
四川省	0.870	0.758	0.911	0.955	0.659
贵州省	1.170	0.670	1.136	1.030	0.784
云南省	0.931	0.715	0.973	0.957	0.666
西藏自治区	1.267	0.638	1.000	1.267	0.808
陕西省	0.841	0.708	0.859	0.979	0.595
甘肃省	0.757	0.684	0.825	0.918	0.518
青海省	0.922	0.602	0.771	1.196	0.555
宁夏回族自治区	0.937	0.674	1.152	0.813	0.632
新疆维吾尔自治区	0.492	0.981	0.960	0.512	0.482

参考文献

[1] Aigner D J, Lovell C A K, Schmidt P. Formulation and Estimation of Stochastic Frontier Production Function Models [J]. Journal of Econometrics, 1977, 6(1): 21-37.

[2] Al - Eraqi A S, Khader A T, Mustafa A. DEA Malmquist Index Measurement in Middle East and East African Containers Terminals [J]. International Journal of Shipping & Transport Logistics, 2009, 1(3): 249-259.

[3] Amir B F. Economies of Scale and Governance of Library Systems: Evidence from West Virginia [J]. Economics of Governance, 2019, 24(3): 237-253.

[4] Banker R, Charnes A, Cooper W W. Some Models for Estimating Technical and Scale in Efficiencies in Data Envelopment Analysis [J]. Management Science, 1984, 30(9): 1078-1092.

[5] Banker R D, Charnes A, Cooper W W. Some Models for Estimating Technical and Scale Inefficiencies in Data Envelopment Analysis [J]. Management Science, 1984, 30(9): 1078-1092.

[6] Barro R J. Economic Growth in a Cross Section of Countries [J]. The Quarterly Journal of Economics, 1991, 106(2): 407-443.

[7] Battese E, Coelli T J. Frontier Production Functions Technical Efficiency and Panel Data with Application to Paddy Famer in India [J]. Journal of Productivity Analysis, 1992, 3(1/2): 153-169.

[8] Battese G E, Coelli T J. A Model for Technical Inefficiency Effects in A Stochastic Frontier Production Function for Panel Data [J]. Empirical Economics, 1995, 20(2): 325-332.

[9]Bhatt R. The Impact of Public Library Use on Reading, Television, and Academic Outcomes[J]. Journal of Urban Economics, 2010, 68(2): 148–166.

[10]Boter J, Rouwendal J, Wedel M. Employing Travel Time to Compare the Value of Competing Cultural Organizations[J]. Journal of Cultural Economics, 2005, 29(1): 19–33.

[11]Caselli F, Esquivel G, Lefort F. Reopening the Convergence Debate: A New Look at Cross–country Growth Empirics [J]. Journal of Economic Growth, 1996, 1(3): 363–389.

[12] Catherine M R. Radical Restructuring: Library Renovations Lead to Personnel and Process Reorganization[J]. American Libraries, 2017, 48(9/10): 25.

[13]Caves D W, Christensen L R, Diewert W E. The Economic Theory of Index Numbers and the Measurement of Input, Output, and Productivity [J]. Econometrica, 1982, 50(6): 1393–1414.

[14]Celen A. Efficiency and Productivity (TFP) of the Turkish Electricity Distribution Companies: An Application of Two–stage (DEA&Tobit) Analysis [J]. Energy Policy, 2013, 63: 300–310.

[15]Charnes A, Cooper W W, Rhodes E. Measuring the Efficiency of Decision Making Units[J]. European Journal of Operational Research, 1978, 2(78): 429–444.

[16] Charnes A, Cooper W W. Programming with Linear Fractional Functionals[J]. Naval Research Logistics Quarterly, 1962, 9(3/4): 181–186.

[17] Chen L, He F. Measurements and Factors of Carbon Emission Efficiency[J]. Polish Journal of Environmental Studies, 2017, 26(5): 1963–1973.

[18] Chen T. An Evaluation of the Relative Performance of University Libraries in Taipei[J]. Library Review, 1997, 3: 190–201.

[19] Chen T Y. A Measurement of the Resource Utilization Efficiency of

University Libraries [J]. International Journal of Production Economics, 1997, 53(1): 71-80.

[20] Chen Y, Morita H, Zhu J. Context - dependent DEA with an Application to Tokyo Public Libraries [J]. International Journal of Information Technology and Decision Making, 2005, 4(3): 385-394.

[21] Cooper W W, Seiford L M, Tone K. Data Envelopment Analysis: A Comprehensive Text with Models, Applications, References and DEA - Solver Software[M]. Kluwer Academic Publishers, 2007.

[22] Corrado L S. Are Public - Private Partnerships a Source of Greater Efficiency in Water Supply? Results of a Non-Parametric Performance Analysis Relating to the Italian Industry[J]. Water, 2013, 5(4): 2058.

[23] Cummins D, Zi H. Comparison of Frontier Efficiency Methods: An Application to the U. S. Life Insurance Industry [J]. Journal of Productivity Analysis, 1998, 10(2): 131-152.

[24] Davis H S. Productivity Accounting[M]. Pennsylvania: University of Pennsylvania Press, 1955.

[25] de Carvalho F A, Jorge M J, Jorge M F, et al. Library Performance Management in Rio de Janeiro, Brazil: Applying DEA to a Sample of University Libraries in 2006-2007[J]. Library Management, 2012, 33(4): 297-306.

[26] de Carvalho F A, Jorge M J, Jorge M F, et al. Long-term Efficiency and Performance Analysis: Empirical Model for Evaluating Public Libraries[J]. Investigacion Bibliotecologica, 2013, 27(60): 71-95.

[27] Dewitte K, Geys B. Citizen Co-production and Efficient Public Good Provision: Theory and Evidence from Local Public Libraries [J]. European Journal of Operational Research, 2013, 224(3): 592-602.

[28] De Witte K, Geys B. Citizen Coproduction and Efficient Public Libraries[J]. European Journal of Operational Research, 2013, 224(3): 592-602.

[29] De Witte K, Geys B. Evaluating Efficient Public Good Provision: Theory and Evidence from a Generalised Conditional Efficiency Model for Public

Libraries[J]. Journal of Urban Economics, 2011, 69(3): 319-327.

[30] Drake L, Hall M J B. Efficiency in Japanese Banking: An Empirical Analysis[J]. Journal of Banking and Finance, 2003, 27(5): 891-917.

[31] Easun M S. Beginner's Guide to Efficiency Measurement: An Application of Data Envelopment Analysis to Selected School Libraries in California[J]. School Library Media Quart, 1994(2): 103-106.

[32] Easun M S. Identifying Efficiencies in Resource Management: An Application of Data Envelopment Analysis to Selected School Libraries in California[D]. Berkeley: University of California, 1992.

[33] Estache A, Fe B T D L, Trujillo L. Sources of Efficiency Gains in Port Reform: A DEA Decomposition of a Malmquist TFP Index for Mexico [J]. Utilities Policy, 2004, 12(4): 221-230.

[34] Fang S, Xue X, Yin G, et al. Evaluation and Improvement of Technological Innovation Efficiency of New Energy Vehicle Enterprises in China Based on DEA-Tobit Model[J]. Sustainability, 2020, 12(18): 7509.

[35] Farrell M J. The Measurement of Productive Efficiency[J]. Journal of the Royal Statistical Society, 1957, 120(3): 253-290.

[36] Färe R, Grosskopf S, Lindgren B, et al. Productivity Changes in Swedish Pharamacies 1980-1989: A Non-parametric Malmquist Approach[J]. Journal of Productivity Analysis, 1992, 3(2): 85-101.

[37] Färe R, Grosskopf S, Lovell C A K. Production Frontiers [M]. Cambridge: Cambridge University Press, 1994.

[38] Färe R, Grosskopf S, Norris M, et al. Productivity Growth, Technical Progress, and Efficiency Change in Industrialized Countries [J]. American Economic Review, 1994, 84(1): 66-83.

[39] Färe R, Grosskopf S. Network DEA[J]. Socio-Economic Planning Sciences, 2000, 34(1): 35-49.

[40] Färe R, Grosskopf S. Productivity and Intermediate Products: A Frontier Approach[J]. Economics Letters, 1996, 50(1): 65-70.

[41] Glorieux I, Kuppens T, Vandebroeck D. Mind the Gap: Societal

Limits to Public Library Effectiveness [J]. Library and Information Science Research, 2007, 29(2): 188-208.

[42] Greene W H. On the Asymptotic Bias of the Ordinary Least Squares Estimator of the Tobit Model[J]. Econometrica, 1981, 49(2): 505-513.

[43] Guajardo S A. Nonprofit Public Libraries and Technical Efficiency: An Application of Data Envelopment Analysis to Technology-based Outputs[J]. Library and Information Science Research, 2020, 42(1): 1-9.

[44] Guajardo S A. Special District Libraries and Operating Costs: An Application of Data Envelopment Analysis (DEA) with Discretionary and Non-discretionary Inputs [J]. Journal of Library Administration, 2018, 58(3): 241-263.

[45] Guccio C, Mignosa A, Rizzo I. Are Public State Libraries Efficient? An Empirical Assessment Using Network Data Envelopment Analysis[J]. Socio-Economic Planning Sciences, 2018, 64: 78-91.

[46] Hammond C J, Webster A R, Snieder H, et al. Genetic Influence on Early Age-related Maculopathy [J]. Ophthalmology, 2002, 109(4): 730-736.

[47] Hammond C J. Efficiency in the Provision of Public Services: A Data Envelopment Analysis of UK Public Library Systems [J]. Applied Economics, 2002, 34(5): 649-657.

[48] Hammond C J. The Effect of Organisational Change on UK Public Library Efficiency [J]. International Journal of Production Economics, 2009, 121(1): 286-295.

[49] Hemmeter J A. Estimating Public Library Efficiency Using Stochastic Frontiers[J]. Public Finance Review, 2006, 34(3): 328-348.

[50] Hengzhou X, Tong C. Impact of Farmers' Differentiation on Farmland-use Efficiency Evidence: From Household Survey Data in Rural China [J]. Agricultural Economics, 2013, 59(5): 227-234.

[51] Holý V. The Impact of Operating Environment on Efficiency of Public Libraries [J]. Central European Journal of Operations Research, 2020(9):

395-414.

[52] Hosseinzadeh M M, Lozza S O, Lotfi F H, et al. Portfolio Optimization with Asset Preselection Using Data Envelopment Analysis [J]. Central European Journal of Operations Research, 2022, 31(1): 287-310.

[53] Iveta Vrabková, Václav Friedrich. The Productivity of Main Services of City Libraries: Using the Example from the Czech Republic and the Slovak Republic[J]. Library & Information Science Research, 2019, 41(3): 100962.

[54] Japzon A, Gong H. A Neighborhood Analysis of Public Library Use in New York City[J]. Library Quarterly, 2005, 75(4): 446-463.

[55] Kao C. Efficiency Decomposition in Network Data Envelopment Analysis: A Relational Model [J]. European Journal of Operation Research, 2009, 192(3): 949-962.

[56] Kaya Samut P, Cafr R. Analysis of the Efficiency Determinants of Health Systems in OECD Countries by DEA and Panel Tobit [J]. Social Indicators Research, 2016, 129(1): 1-20.

[57] Kim S. Efficiency in the Provision of Library Services Using Data Envelopment Analysis [J]. Journal of the Korean Society for Library and Information Science, 2005, 39(1): 221-239.

[58] Kim T Y, Gang J Y, Oh H J. Spatial Usage Analysis Based on User Activity Big Data Logs in Library[J]. Library Hi Tech, 2020, 38(3): 678-698.

[59] Knut, Løyland, Vidar, et al. Determinants of Borrowing Demand from Norwegian Local Public Libraries [J]. Journal of the American Society for Information Science & Technology, 2008, 59(8): 1295-1303.

[60] Kong M, Wang X, Wu Q. The Development Efficiency of China's Innovative Industrial Clusters-based on the DEA-Malmquist Model[J]. Arabian Journal of Geosciences, 2021, 14(7): 1-15.

[61] Kontodimopoulos N, Papathanasiou N D, Flokou A, et al. The Impact of Non-Discretionary Factors on DEA and SFA Technical Efficiency Differences [J]. Journal of Medical Systems, 2011, 35(5): 981-989.

［62］Koontz C M, Gubbin B. IFLA Public Library Service Guidelines［M］. Berlin: De Gruyter Saur, 2010.

［63］Lee S S, Han H N. Analyzing the Influence Factors on Efficiency of Public Libraries in Metropolitan Cities by DEA and Tobit Model［J］. Bioelectrochemistry, 2010, 41(2): 128-131.

［64］Li J, Zhang J, Gong L, et al. Research on the Total Factor Productivity and Decomposition of Chinese Coastal Marine Economy: Based on DEA-Malmquist Index［J］. Journal of Coastal Research, 2015, 73: 283-289.

［65］Line M B. The Concept of"Library Goodness": User and Library Perception of Qualityand Value［M］. Line, M B. Academic Library Management, London: The Library Association, 1990.

［66］Li P, Yang Z. Performance Evaluation of the Public Libraries in USA Using Data Envelopment Analysis［J］. International Journal of Applied Science and Technology, 2014, 4(2): 10-19.

［67］Liu J, Sun H L, Zheng J. Factors Affecting Users' Intention to Use Mobile Health Services of Public Libraries［J］. Library & Information Science Research, 2023, 45(1): 101223.

［68］Lucas R E. On the Mechanics of Economic Development［J］. Journal of Monetary Economics, 1988, 22(1): 3-42.

［69］Malmquist S. Index Numbers and in Difference Surfaces［J］. Trabajos de Estatistica, 1953(4): 209-242.

［70］Matt, Enis. Radio Frequency Identification (RFID) Tags are the Foundation of a Wide Variety of Library Efficiency Systems: Falling Prices and Broadening Standards Make Them Even more Accessible［J］. Library Journal, 2014, 139(11): 42-42.

［71］Meeusen W, Broeck J. Technical Efficiency and Dimension of the Firm: Some Results on the Use of Frontier Production Functions［J］. Empirical Economics, 1977, 2(2): 109-122.

［72］Miidla P, Kikas K. The Efficiency of Estonian Central Public Libraries ［J］. Performance Measurement and Metrics, 2009, 10(1): 49-58.

[73] Miller S M, Upadhyay M P. Total Factor Productivity and the Convergence Hypothesis[J]. Journal of Macroeconomics, 2002, 24(2): 267-286.

[74] Nancy Kranich. The Information Commons: A Public Policy Report [R]. New York: Brennan Center for Justice at NYU School of Law, 2004.

[75] Nasierowski W, Arcelus F J. On the Efficiency of National Innovation Systems[J]. Socio-Economic Planning Sciences, 2003, 37: 215-234.

[76] Neel P, Clifford J, Georgia L, et al. Making the Case for Budget Reductions: Pierce County Library's FY2013 Budget [J]. Public Library Quarterly, 2014, 33(1): 23-75.

[77] Nelson R R. The Role of Knowledge in R&D Efficiency [J]. The Quarterly Journal of Economics, 1982, 97 (3) : 453-470.

[78] Norlin E, Glogoff S, Morris P, et al. The Academic Library's Role in Transmitting Cultural Heritage Using 21st Century Technology: The University of Arizona Libraries and the Cultural Comm [J]. Journal on Image & Video Processing, 2012, 2009(1): 7.

[79] Prescott, Edward. A Theory of Total Factor Productivity[J]. International Economic Review, 1998(3): 525-551.

[80] Reichmann G, Sommersguter-Reichmann M. Efficiency Measures and Productivity Indexes in the Context of University Library Benchmarking [J]. Applied Economic, 2010, 42(3): 311-323.

[81] Orr R H. Measuring the Goodness of Library Services: A General Framework for Considering Quantitative Measures[J]. Journal of Documentation, 1973, 29(3): 315-332.

[82] Romer P M. Endogenous Technological Change[J]. The Journal of Political Economy, 1990, 98(5): 71-102.

[83] Rousseau S, Rousseau R. Data Envelopment Analysis as a Tool for Constructing Scientometric Indicators [J]. Scientometrics, 1997, 40(1): 45-56.

[84] Sarrico C S. Data Envelopment Analysis: A Comprehensive Text with

Models, Applications, References and DEA-Solver Software[J]. Journal of the Operational Research Society, 2001, 52(12): 1408-1409.

[85]Schulze, Gunther G, et al. La Donna A Mobile—or is She? Voter Preferences and Public Support for the Performing Arts[J]. Public Choice, 2000, 102(1/2): 131-149.

[86] Shahwan T M, Kaba A. Efficiency analysis of GCC Academic Libraries: An Application of Data Envelopment Analysis [J]. Performance Measurement and Metrics, 2013, 14(3): 197-210.

[87]Sharma K R, Leung P, Zane L. Performance Measurement of Hawaii State Public Libraries: An Application of Data Envelopment Analysis (DEA) [J]. Agricultural and Resource Economics Review, 1999, 28(2): 190-198.

[88] Sharma S, Thomas V J. Inter-country R&D Efficiency Analysis: Application of Data Envelopment Analysis[J]. Scientometrics, 2008, 76(3): 483-501.

[89]Shim W. Applying DEA Technique to Library Evaluation in Academic Research Libraries[J]. Library Trends, 2003, 51(3): 312-332.

[90]Shuqiao W, Li Z, Hui W, et al. Water Use Efficiency and Its Influencing Factors in China: Based on the Data Envelopment Analysis (DEA)—Tobit Model [J]. Water, 2018, 10(7): 832-838.

[91] Simon J, Simon C, Arias A. Changes in Productivity of Spanish University Libraries[J]. Omega, 2011, 39(5): 578-588.

[92]Simon Mitternacht. FreeSASA: An Open Source C Library for Solvent Accessible Surface Area Calculations[J]. Biomolecules, 2016(5): 189.

[93]Solow R M. Technical Change and Aggregate Production Function[J]. Review of Economics and Statistics, 1957, 39(3): 554-562.

[94]Solow R M. Technical Change and the Aggregate Production Function [J]. The Review of Economics and Statistics, 1957, 30 (3) : 312-320.

[95]Srakar A, Kodrič-Dačić E, Koman K, et al. Efficiency of Slovenian Public General Libraries: A Data Envelopment Analysis Approach [J]. Lex Localis-Journal of Local Self-Government, 2017, 15(3): 559-581.

［96］Stigler G J. Trends in Output and Employment ［M］. New York：NBER，1947.

［97］Stroobants J，Bouckaert G. Benchmarking Local Public Libraries Using Non-parametric Frontier Methods：A Case Study of Flanders［J］. Library & Information Science Research，2014，36(3/4)：211-224.

［98］Tavana M，Khalili-Damghani K，Santos Arteaga F J，et al. A Malmquist Productivity Index for Network Production Systems in the Energy Sector［J］. Annals of Operations Research，2020，284(1)：415-445.

［99］Tinbergen J. Professor Douglas' Production Function ［J］. Revue de l'Institut International de Statistique，1942，10(1-2)：37-48.

［100］Tone K. A Slacks-based Measure of Super-efficiency in Data Envelopment Analysis［J］. European Journal of Operational Research，2002，143(1)：32-41.

［101］van Eijck K，Bargeman B. The Changing Impact of Social Background on Lifestyle："Culturalization" Instead of Individualization？［J］. Poetics，2004，32(6)：447-469.

［102］Vitaliano D F. Assessing Public Library Efficiency Using Data Envelopment Analysis［J］. Annals of Public & Cooperative Economics，2015，69(1)：107-122.

［103］Vrabková I，Friedrich V. The Productivity of Main Services of City Libraries：Using the Example from the Czech Republic and the Slovak Republic ［J］. Library and Information Science Research，2019，41(3)：1-11.

［104］Vrabková I. Decomposition of Technical Efficiency of Selected City Libraries from the Czech Republic［J］. Scientific Papers of the University of Pardubice，Series D，2017，25(40)：222-233.

［105］Vrabková I. The Trend of Technical Efficiency of Library Collections of Public Libraries in the Czech Republic［J］. Acta Academica Karviniensia，2016，16(4)：81-93.

［106］V W Clapp，R T Jordan. Quantitative Criteria for Adequacy of Academic Library Collections［J］. College and Research Libraries，1965(26)：

371-380.

[107]Wang E C. R&D Efficiency and Economic Performance: A Cross-country Analysis Using the Stochastic Frontier Approach[J]. Journal of Policy Modeling, 2003, 29(2): 345-360.

[108]Witte K D, Geys B. Evaluating Efficient Public Good Provision: Theory and Evidence from a Generalised Conditional Efficiency Model for Public Libraries[J]. Joural of Urban Economics, 2011, 69(3): 319-327.

[109]Worthington A. Performance Indicators and Efficiency Measurement in Public Libraries[J]. The Australian Economic Review, 1999, 32(1): 31-42.

[110]Yang J L, Zhou W J. Environmental Research on Educational Level of Residents and Public Information Service: A Paradoxes and Empirical Evidence from China[J]. Ekoloji Dergisi, 2019, 28(107): 4809-4817.

[111]Yang Z, Fang H. Research on Green Productivity of Chinese Real Estate Companies—Based on SBM-DEA and TOBIT Models[J]. Sustainability, 2020, 12(8): 3122.

[112]Yoon H Y. Analysis of the Efficiency Trend of Public Libraries in Daejeon Metropolitan City[J]. Journal of Korean Library and Information Science Society, 2010, 41(4): 35-50.

[113]Zasierowski W, Arcelus F J. On the Efficiency of National Innovation Systems[J]. Socio-Economic Planning Sciences, 2003, 37(3): 215-234.

[114]Zhou P, Yang S, Wu X, et al. Calculation of Regional Agricultural Production Efficiency and Empirical Analysis of Its Influencing Factors-based on DEA-CCR Model and Tobit Model[J]. Journal of Computational Methods in Sciences and Engineering, 2022(1): 22.

[115]北京大学国家现代公共文化研究中心课题组,李国新. 面向2035:建设中国特色世界一流公共图书馆体系[J]. 中国图书馆学报,2022,48(1): 4-16.

[116]蔡超岳,唐健雄. 中国城市高质量发展的空间差异、动态演进及影响因素:基于复合生态系统理论视角[J]. 湖南师范大学(自然科学学

报），2023（2）：51-61.

[117]陈传夫，秦顺，陈一.图书馆行业服务全面建成小康社会的历史贡献与基本经验[J].图书情报知识，2022（3）：6-21.

[118]陈国宏.互联网渗透对物流业绿色全要素生产率的门槛效应研究[J].商业经济研究，2023（8）：89-92.

[119]陈立旭.推动基本公共文化服务均等化[J].浙江社会科学，2011（12）：4-7.

[120]陈卫东，陈杰，伍舜璎，等.广东省公共图书馆事业发展报告（2020）[J].图书馆论坛，2021，41（6）：34-42.

[121]陈卫东，陈杰，伍舜璎，等.2022年广东省公共图书馆事业发展报告[J].图书馆论坛，2023（5）：1-9.

[122]陈卫东，陈杰，伍舜璎，等.2021年广东省公共图书馆事业发展报告[J].图书馆论坛，2022，42（6）：1-10.

[123]陈英，洪源.考虑环境因素的我国省域公共图书馆效率测度及优化治理：基于三阶段DEA方法[J].图书馆学研究，2015（11）：17-25.

[124]陈英英.江西省公共体育服务绩效评价研究[D].南昌：江西师范大学，2016.

[125]陈作任，郎嵬，李郇.中国收缩城市的全要素生产率实证研究：基于DEA模型的Malmquist指数法[J].现代城市研究，2022（10）：40-46.

[126]成刚.数据包络分析方法与MAXDEA软件[M].北京：知识产权出版社，2014.

[127]程焕文，程诗谣.新文科建设与中国图书馆学专业教育的使命与核心价值[J].图书馆杂志，2021，40（4）：4-8.

[128]程焕文.公共图书馆的定义与性质——关于《中华人民共和国公共图书馆法》的几点思考[J].图书馆建设，2023（6）：22-30.

[129]程慧平，周迪.美国公共图书馆评价体系在我国区域公共图书馆效率评价中的应用[J].图书馆学研究，2015（12）：15-20.

[130]储节旺，储伊力.中国省域公共图书馆效率测评及影响因素分析：基于Super-SBM与Tobit模型的实证研究[J].图书情报工作，2015，59（22）：33-38.

［131］储伊力，储节旺．"211工程"高校图书馆效率测评及影响因素分析［J］．图书馆论坛，2016，36（8）：107-118.

［132］褚树青，屠淑敏．公共图书馆"十四五"发展的浙江思考［J］．图书馆论坛，2021，41（1）：23-28.

［133］邓玉勇，秦俊平．基于超效率DEA和DEA-Malmquist指数模型的智慧港口效率评价［J］．上海海事大学学报，2022，43（4）：83-90.

［134］蒂莫西·J.科埃利，D.S.普拉萨德·拉奥，克里斯托弗·J.奥唐奈，等．效率与生产率分析引论［M］．王忠玉，译．北京：中国人民大学出版社，2008.

［135］杜吉明，于渤，姚西龙．资源型城市经济转型期的全要素生产率研究［J］．情报科学，2010，28（10）：1469-1472.

［136］杜希林，王宇，吴瑾．关于公共图书馆"十四五"规划制定的思考［J］．图书馆杂志，2020，39（12）：29-34.

［137］段丁允，冯宗宪．中国城市群数字贸易发展水平测度［J］．西安交通大学学报（社会科学版），2023，43（3）：44-59.

［138］方超，黄斌．马太效应还是公平效应：家庭教育支出与教育结果不平等的异质性检验［J］．教育与经济，2020，36（4）：58-67.

［139］方家忠．公共图书馆的中国式现代化：广州图书馆转型发展的历程、评估与思考［J］．图书馆论坛，2023，43（3）：6-20.

［140］方家忠．公共图书馆需要大力倡导专业化发展［J］．图书馆建设，2021（6）：9-14.

［141］傅才武，张伟锋．公共图书馆行业全要素生产率研究：基于省域面板数据的DEA-Malmquist模型分析［J］．华中师范大学学报（人文社会科学版），2018，57（3）：81-89.

［142］傅才武，张伟锋．我国省域公共图书馆效率、规模收益及"拥挤"现象研究［J］．中国软科学，2017（10）：72-81.

［143］宫平，柯平．面向2035的省域公共图书馆服务体系建设思考［J］．图书馆建设，2022（3）：10-16.

［144］拱佳蔚．大阅读时代公共图书馆阅读推广的创新思维与实践：以上海图书馆东馆为例［J］．图书馆杂志，2023，42（2）：81-89.

[145]谷城，张树山．我国物流业智慧化水平的分布动态、空间差异与收敛性[J]．中国流通经济，2023，37(3)：17-31．

[146]官晓风．流通集聚对区域物流资源分布的"马太效应"研究[J]．商业经济研究，2021(13)：26-29．

[147]郭军华.区域公共图书馆效率测度及环境影响因素分析——基于Dea-Tobit两步法的实证研究[J]．图书情报工作，2010，54(13)：87-90．

[148]郭郡郡，刘玉萍．购房压力的城市差异与动态变化：测度与分析[J]．统计与决策，2023，39(6)：149-154．

[149]郭欣萍．公共图书馆功能再定位思考[J]．国家图书馆学刊，2013，22(2)：29-32．

[150]郭亚军，郭一若，李帅，等．元宇宙场域下的公共图书馆用户空间服务需求[J]．图书馆论坛，2024，44(3)：116-124．

[151]过仕明，李亚设，张雪梅．公共图书馆制度对公民文化权利的保障[J]．情报科学，2012，30(10)：1478-1481．

[152]韩慧，李少惠.我国公共图书馆服务效率的时空差异与影响机制研究[J]．图书馆杂志，2022，41(2)：24-35+56．

[153]何盼盼，陈雅，梁颖．我国公共图书馆服务效率定量分析及策略研究[J]．新世纪图书馆，2020(3)：76-81．

[154]贺美华，邓文池．现代省级公共图书馆功能定位的思考及构建[J]．图书馆，2020(5)：1-6．

[155]胡白杨，孙远宏，赵谦．金融错配与财政效率何以影响全要素生产率？：基于2010—2020年A股上市公司数据的分析[J]．行政论坛，2023，30(2)：154-160．

[156]胡慧源，杜纯.政府财政支持如何影响公共图书馆绩效？——馆藏资源的中介效应和数字化的调节效应[J]．新世纪图书馆，2023(6)：51-59．

[157]胡娟．中国文化立法的一座丰碑：柯平教授谈《中华人民共和国公共图书馆法》[J]．图书馆工作与研究，2018(1)：5-11．

[158]黄尧力，佘起鸥．我国图书馆效率研究综述[J]．图书馆杂志，2013，32(3)：9-13+93．

[159]焦敏.上海区级公共图书馆功能建设的几点思考[J].图书馆杂志,2015,34(6):71-75.

[160]金武刚.公共图书馆服务:从行业共识到法律规定:《中华人民共和国公共图书馆法》解读[J].图书馆杂志,2017,36(11):15-19.

[161]金武刚.跨界VS越界:新时代公共图书馆社会化发展定位、边界与突破[J].图书馆杂志,2019(5):4-12.

[162]金武刚.全面构建现代公共图书馆制度:关于《中华人民共和国公共图书馆法》的学习与研究[J].图书与情报,2018(1):49-62.

[163]柯平,潘雨亭,张海梅.机遇与挑战:第七次公共图书馆评估的环境与意义[J].图书馆杂志,2023,42(3):9-15.

[164]柯平.主题图书馆建设中的若干问题与发展思考[J].图书馆杂志,2020,39(3):41-47.

[165]孔薇.中国基本公共服务供给区域差异研究[D].长春:吉林大学,2019.

[166]雷春蓉,颜静远.信息时代对图书馆学新旧五律关系的研究[J].图书情报工作,2017,61(10):30-34.

[167]李德立,田伟,田刚.我国旅游经济高质量发展的区间差异与动态演进[J].统计与决策,2022,38(24):84-88.

[168]李国新.《公共图书馆法》施行五年:回望与前瞻[J].图书馆建设,2023(6):14-21.

[169]李国新.公共文化服务保障法的制度构建与实现路径[J].图书情报工作,2017,61(16):8-14.

[170]李国新."十四五"时期公共图书馆高质量发展思考[J].图书馆论坛,2021(1):12-17.

[171]李建霞,陈福蓉.国内图书馆绩效评价指标体系研究[J].图书与情报,2013(1):65-69.

[172]李建霞,吴玉鸣.省域公共图书馆综合绩效测评及空间效应分析[J].图书馆理论与实践,2017(6):71-77.

[173]李建霞.运用数据包络分析我国高校图书馆服务效率[J].广西师范大学学报(哲学社会科学版),2008,44(5):121-126.

[174]李犟，吴和成，朱晨．中国众创空间创新创业效率损失来源研究：基于两阶段混联网络 DEA 模型与共同前沿理论[J]．科学学研究，2023(7)：1259-1269．

[175]李奎，杜丹．企业 R&D 补贴分配的"马太效应"及其影响研究[J]．科学学研究，2022，40(7)：1274-1284．

[176]李少惠，韩慧．我国公共图书馆服务体系的文献计量分析：基于 2005-2016 年的数据[J]．图书馆，2018(10)：71-78．

[177]李少惠，韩慧．我国省域公共图书馆服务资源承载力差异及影响因素研究[J]．图书馆建设，2020(5)：139-150．

[178]李书友，李建姝．科技服务业集聚对绿色全要素生产率的影响：基于长三角地区的实证分析[J]．科技管理研究，2023，43(5)：204-213．

[179]梁丹娜．陕西省区县级公共图书馆绩效评价实证研究[D]．西安：长安大学，2019．

[180]刘晨，崔鹏．研发投入、企业规模与人工智能企业的生产效率：基于三阶段 DEA 模型与 Tobit 模型的二阶段分析[J]．财贸研究，2022，33(5)：45-55．

[181]刘慧慧，张树良．从马太效应看我国基础研究评价体系改革[J]．科技管理研究，2022，42(7)：61-67．

[182]刘静，柳贝贝，崔兰花．我国公共图书馆效率区域差异及影响因素研究[J]．新世纪图书馆，2019(6)：5-10．

[183]刘涛．基于因子分析定权法的公共图书馆效率评价模型[J]．农业图书情报学刊，2016，28(3)：65-69．

[184]刘笑彤．基于 Malmquist 指数的地区公共图书馆效率测算及影响因素分析[J]．图书情报导刊，2022，7(6)：1-7．

[185]芦婷婷，祝志勇．八大综合经济区人力资本水平的测度、差距分解及时空演变[J]．统计与决策，2023，39(3)：67-72．

[186]鲁方平．基于 DEA 理论的浙江省地市级公共图书馆效率评价研究[J]．农业图书情报学刊，2015，27(3)：108-112．

[187]马海群，王今．基于 DEA 的政府开放数据网站效率评价[J]．数字图书馆论坛，2016(6)：2-7．

[188]孟健，刘阳．基于 DEA 方法的省级公共图书馆微博运营效率研究[J]．图书馆学研究，2016(6)：51-57.

[189]苗美娟，李斯．全面建成小康社会进程中公共图书馆服务的"中国创造"[J]．图书馆论坛，2021(12)：12-21.

[190]牟燕．新技术环境下公共图书馆读者服务创新研究：以长春图书馆为例[J]．图书馆学刊，2017，39(2)：116-119.

[191]彭晓岚，王贵琴．乡村公共物品供给项目制的"马太效应"及破解策略[J]．领导科学，2022(1)：134-137.

[192]齐二石，等．公共绩效管理[M]．天津：天津大学出版社，2007.

[193]邱冠华．公共图书馆提升服务效能的途径[J]．中国图书馆学报，2015(4)：14-24.

[194]邱冠华．新世纪以来国内公共图书馆总分馆建设回顾与思考[J]．中国图书馆学报，2017，43(4)：18-31.

[195]饶权．回顾与前瞻：图书馆转型发展面临的问题与思考[J]．中国图书馆学报，2020，46(1)：4-15.

[196]商丁元，王丹，徐基田．新发展理念下公共图书馆专业技术人才培养机制与路径研究[J]．图书馆，2023(3)：84-91.

[197]申亮，王玉燕．我国公共文化服务政府供给效率的测度与检验[J]．上海财经大学学报，2017，19(2)：26-37.

[198]申晓娟．新中国图书馆法治建设 70 年[J]．图书馆杂志，2020(1)：4-25.

[199]石慧．评估定级工作与公共图书馆事业高质量发展[J]．图书馆理论与实践，2022(6)：31-37.

[200]石丽，秦萍．空间视角下中国公共图书馆效率测度与影响因素[J]．图书情报工作，2020，64(9)：10-18.

[201]舒成利，高山行．专利竞赛中企业 R&D 投资策略研究：马尔可夫链的视角[J]．管理工程学报，2009，23(4)：37-41.

[202]宋瑞，胥英伟，史瑞应．黄河流域旅游产业效率评价与驱动力分析：基于 DEA 方法和空间杜宾模型的实证研究[J]．中国软科学，2022(11)：26-36.

［203］宋睿．西藏公共图书馆服务建设的优化研究［D］．拉萨：西藏大学，2019.

［204］苏皑，陶向南，肖樱丹．突破"马太效应"的路径研究：基于资源分配的优化视角［J］．系统科学学报，2024（2）：86-91，113.

［205］孙文娉，陈雅．融合发展语境下公共图书馆服务效能评价体系研究［J］．图书馆建设，2023，324（6）：155.

［206］孙晓明．基于DEA理论的天津市地级公共图书馆效率评估研究［J］．新世纪图书馆，2021（6）：22-28.

［207］孙志静，田景梅，李新运．两阶段DEA在图书馆建设促进学科发展效率评价中的应用：基于32所教育部直属高校的实证分析［J］．图书馆，2016（9）：60-64.

［208］屠淑敏．"十四五"时期我国公共图书馆发展环境分析和战略思考［J］．国家图书馆学刊，2021，30（2）：3-12.

［209］万莉，程慧平，虎昭言．我国省域公共图书馆效率的DEA视窗分析［J］．图书馆论坛，2018，38（12）：127-135.

［210］万莉，程慧平．我国省域公共图书馆效率测算及影响因素研究［J］．图书馆论坛，2014，34（2）：15-21.

［211］王秉，曹春秀，胡峰．公共图书馆安全信息服务模型构建［J］．图书馆杂志，2023（7）：22-30.

［212］王春，陈海东．信息技术发展与全要素生产率：证伪"生产率悖论"的285个地级市证据［J］．经济问题，2023（4）：61-70.

［213］王惠，钱旦敏，李小聪．基于DEA和SFA方法的公共图书馆效率测评研究［J］．国家图书馆学刊，2014，23（2）：19-25.

［214］王惠，赵坚．中国省际公共图书馆效率动态演进与空间分布［J］．图书馆理论与实践，2016（5）：75-80.

［215］王家庭，李海燕．我国公共文化服务事业全要素生产率的动态研究：以图书馆业为例［J］．图书馆建设，2013（1）：5-10.

［216］王莉华，贺静．基于DEA模型的高校学生资助分配效率分析［J］．贵州社会科学，2022（5）：114-121.

［217］王楠．基于DEA方法的河北省地市级公共图书馆效率评价研究

[J]. 公共图书馆，2018(2)：58-62.

[218]王楠. 基于 DEA 方法的江苏省地市级公共图书馆效率评价研究[J]. 江苏科技信息，2023，40(5)：46-49.

[219]王世伟. 面向未来的公共图书馆问学问道[J]. 图书馆论坛，2020，40(3)：23-29.

[220]王世伟. 以中国式现代化全面推进中国图书馆事业新发展——基于人口规模巨大的现代化的思考[J]. 图书情报知识，2023，40(1)：6-12.

[221]王婷，李少惠. 我国公共图书馆效率的层级差异及其动因分析[J]. 国家图书馆学刊，2020，29(5)：11-20.

[222]王卫，闫帅. 地区公共图书馆 Malmquist 指数测度及影响因素分析[J]. 图书馆理论与实践，2017(1)：79-84.

[223]王协舟，李奕扉，张可. 我国公共图书馆地方立法：特征、问题及修法建议[J]. 图书馆，2022(11)：21-30.

[224]王妍. 转型期省级公共图书馆功能定位研究[J]. 图书馆建设，2018(6)：11-17.

[225]王玉山，李艺纹. 我国省际公共图书馆效率研究：基于三阶段DEA 模型的实证分析[J]. 金融经济，2015(2)：206-207.

[226]王志刚，龚六堂，陈玉宇. 地区间生产效率与全要素生产率增长率分解(1978—2003)[J]. 中国社会科学，2006(2)：55-66.

[227]王重润，孔兵，Wang，等. P2P 网络借贷平台融资效率及其影响因素分析：基于 DEA - Tobit 方法[J]. 河北经贸大学学报，2017，38(5)：7.

[228]魏勇，吴江. 县域公共文化服务效率演进动因研判：来自图书馆的例证[J]. 图书馆，2018(12)：58-66.

[229]伍力. 公共图书馆主题分馆建设研究[J]. 图书馆建设，2020(S01)：158-161.

[230]武鹏，金相郁，马丽. 数值分布、空间分布视角下的中国区域经济发展差距(1952-2008)[J]. 经济科学，2010(5)：46-58.

[231]肖红. 图书馆委托代理问题的影响因素与对策思路[J]. 新世纪

图书馆，2013（7）：76-78.

［232］肖希明，石庆功．构建中国特色的公共图书馆治理制度体系［J］．中国图书馆学报，2020（5）：4-21.

［233］谢雁翔，覃家琦，金振，等．企业工业智能化与全要素生产率提升：基于制造业上市公司的经验证据［J］．科学学与科学技术管理，2023（11）：148-165.

［234］辛娜．公众参与政府购买公共图书馆服务研究［J］．图书馆工作与研究，2018（11）：50-53+111.

［235］徐磊，郭旭．我国公共图书馆地方立法：回顾与展望［J］．图书馆工作与研究，2021（3）：15-22.

［236］徐益波，毛婕．公共图书馆信用借阅读者分析及发展对策研究［J］．图书馆杂志，2023，42（2）：64-70.

［237］严贝妮，李晓旭．我国省级公共图书馆"十四五"战略规划探赜［J］．图书馆建设，2022（2）：70-79.

［238］杨林，许敬轩．地方财政公共文化服务支出效率评价与影响因素［J］．中央财经大学学报，2013（4）：7-13.

［239］杨选辉，常靖瑞，崔兵兵．我国省级公共图书馆微信公众号运营效率评价研究：基于DEA分析方法［J］．图书馆工作与研究，2019（9）：80-88.

［240］杨玉麟．中国公共图书馆事业高质量发展几个问题的思考［J］．图书馆建设，2020（4）：10-14.

［241］姚雪梅．面向知识服务的公共图书馆空间再造研究［J］．图书馆工作与研究，2023（1）：28-34.

［242］叶小刚，邹倩瑜，郑宏松，等．基础研究资源配置"马太效应"评估：基于倾向得分匹配法的实证分析［J］．科技管理研究，2021，41（23）：193-199.

［243］印芷水，忻国能，蒋卫东，等．宁波市高新技术企业创新效率测度分析：基于三阶段数据包络分析模型［J］．科技管理研究，2022，42（18）：54-59.

［244］于良芝，权昕．我国乡镇综合文化站对公共图书馆功能的替代

性研究[J].图书馆建设,2016(6):4-11.

[245]于良芝.公共图书馆服务的意义建构与认识盲点:对公共图书馆评估总结材料的话语分析[J].中国图书馆学报,2009,35(182):4-13.

[246]袁华萍,方军,朱永凡.美国公共图书馆效率评价研究及对我国的启示:基于三阶段 DEA 模型的分析[J].新世纪图书馆,2019(11):75-80.

[247]袁海,周晓唯.我国公共图书馆效率动态变化——基于省际面板数据的 Malmquist 指数分析[J].图书馆建设,2011(8):77-81.

[248]曾思敏.区块链技术驱动公共图书馆数字资源共建共享的研究[J].图书馆研究,2023,53(2):31-39.

[249]詹克钰.商贸流通业对城乡收入差距的"逆马太效应"研究[J].商业经济研究,2020(7):30-32.

[250]张宝友,毛则康,虎陈霞,等.国家质量基础设施效能的空间分异及 β 收敛性研究[J].地理科学,2023(3):454-465.

[251]张和平,汤发庚,熊宇.马太效应测度:一种新的方法与应用[J].统计与决策,2021,37(3):36-40.

[252]张红霞.国际图书馆服务质量评价:绩效评估与成效评估两大体系的形成与发展[J].中国图书馆学报,2009,35(1):78-85.

[253]张建红.基于 Super-DEA 模型的我国省域公共图书馆效率测评[J].河北科技图苑,2016,29(2):33-36.

[254]张敏,咸本松,王金海,等.基于 DEA-Malmquist 结合 RSR 法的内蒙古自治区卫生资源配置的动态效率评价[J].中国卫生统计,2022,39(6):905-907.

[255]张清华,于振山,郭兰英.中国物流业与经济高质量协调发展时空演化研究[J].经济问题,2023(2):60-68.

[256]张伟锋,宋红文,覃红.公共图书馆投入产出效率及影响因素研究[J].数理统计与管理,2019,38(6):1080-1092.

[257]张伟丽.中国区域经济增长俱乐部趋同及其演变分析:基于时空加权马尔可夫链的预测[J].经济问题,2015(3):108-114.

[258]张文天,李慧,孔凡悦,等."十二五"和"十三五"时期我国医

院效率对比研究：基于 DEA-Malmquist 指数模型［J］. 中国卫生经济，2022，41（11）：69-73.

［259］张孝天，申晓娟. 从新的人口环境看"十四五"时期公共图书馆事业的高质量发展［J］. 国家图书馆学刊，2021，30（6）：9-21.

［260］赵媛，任运月，张小凡. 美国州公共图书馆标准及对我国地方性公共图书馆标准制定的启示［J］. 图书馆杂志，2023，42（2）：22-35.

［261］郑万腾，刘秀萍，李雨蒙. 基于超效率 DEA-Malmquist 的学术期刊知识交流效率评价：以图书情报类核心期刊为例［J］. 图书馆理论与实践，2019（5）：65-69.

［262］周迪，宋时蒙，钟绍军. 我国 R&D 公平与效率的马太效应比较及协调发展［J］. 科学学研究，2017，35（12）：1832-1840.

［263］周娜. 中国省域公共图书馆资源的优化配置：基于发展效率差异及收敛的实证分析［J］. 图书情报工作，2019，63（2）：68-76.

［264］周萍，陈雅. 现代公共文化服务体系下我国县级公共图书馆功能定位研究［J］. 图书馆，2020（5）：13-18.

［265］周巧. 基于社会文化服务的公共图书馆功能定位：以国家图书馆为例［J］. 出版广角，2021（4）：33-35.

［266］朱国萍. 公共图书馆与公民文化权利［J］. 图书馆建设，2008（6）：32-35.

［267］朱相宇，宋希博. 公共图书馆效率评价指标体系及关联关系研究［J］. 中国市场，2014（19）：86-92.

［268］朱相宇. 我国省际公共图书馆效率的国际评价与分析［J］. 图书馆论坛，2014，34（6）：32-37.

［269］朱依曦，冯语盈. 基于 DEA 模型与面板 Tobit 的我国公共卫生资源配置效率研究［J］. 中国卫生政策研究，2022，15（12）：54-59.

［270］庄序莹. 公共管理学［M］. 上海：复旦大学出版社，2006.